Marie von Ebner-Eschenbach

Gesammelte Schriften

Erster Band

Verlag
der
Wissenschaften

Marie von Ebner-Eschenbach

Gesammelte Schriften

Erster Band

ISBN/EAN: 9783957005700

Auflage: 1

Erscheinungsjahr: 2015

Erscheinungsort: Norderstedt, Deutschland

Hergestellt in Europa, USA, Kanada, Australien, Japan
Verlag der Wissenschaften in Hansebooks GmbH, Norderstedt

Cover: Foto ©günther gumhold / pixelio.de

Gesammelte Schriften

von

Marie von Ebner-Eschenbach.

***

Erster Band:

Aphorismen.
Parabeln, Märchen und Gedichte.

Berlin.
Verlag von Gebrüder Paetel.
1893.

Grav. Meisenbach, Riffarth & Co.

Aphorismen.

Vierte Auflage.

—•—

Parabeln, Märchen und Gedichte.

Dritte Auflage.

—•—

Von

Marie von Ebner-Eschenbach.

Berlin.
Verlag von Gebrüder Paetel.
1893.

Aphorismen.

Ein Aphorismus
ist der letzte Ring einer langen Gedankenkette.

———

Erstes Hundert.

—✳—

1.

Sag etwas, das sich von selbst versteht, zum ersten Mal, und Du bist unsterblich.

2.

Was uns an der sichtbaren Schönheit entzückt, ist ewig nur die unsichtbare.

3.

Die verstehen sehr wenig, die nur das verstehen, was sich erklären läßt.

4.

Ein Urtheil läßt sich widerlegen, aber niemals ein Vorurtheil.

5.

Vertrauen ist Muth, und Treue ist Kraft.

6.

Die jetzigen Menschen sind zum tadeln geboren. Vom ganzen Achilles sehen sie nur die Ferse.

7.

Die glücklichen Pessimisten! Welche Freude empfinden sie, so oft sie bewiesen haben, daß es keine Freude giebt.

8.

Es hat noch Niemand etwas Ordentliches geleistet, der nicht etwas Außerordentliches leisten wollte.

9.

Siege, aber triumphire nicht.

10.

Der Zufall ist die in Schleier gehüllte Nothwendigkeit.

11.

Andere neidlos Erfolge erringen sehen, nach denen man selbst strebt, ist Größe.

12.

Der Hochmuth ist ein plebejisches Laster.

13.

Geduld mit der Streitsucht der Einfältigen! Es ist nicht leicht zu begreifen, daß man nicht begreift.

14.

Die größte Nachsicht mit einem Menschen entspringt aus der Verzweiflung an ihm.

15.

Alt werden, heißt sehend werden.

16.

Anmuth ist ein Ausströmen der inneren Harmonie.

17.

Wie weise muß man sein, um immer gut zu sein!

18.

Die einfachste und bekannteste Wahrheit erscheint uns augenblicklich neu und wunderbar, sobald wir sie zum ersten Male an uns selbst erleben.

19.

Der Verstandesmensch verhöhnt nichts so bitter als den Edelmuth, dessen er sich unfähig fühlt.

———

20.

Wir verlangen sehr oft nur deshalb Tugenden von Anderen, damit unsere Fehler sich bequemer breit machen können.

———

Der Gescheitere giebt nach! Ein unsterbliches Wort. Es begründet die Weltherrschaft der Dummheit.

———

22.

Künstler, was Du nicht schaffen mußt, das darfst Du nicht schaffen wollen. ———

23.

Je mehr Du Dich selbst liebst, je mehr bist Du Dein eigener Feind. ———

24.

Eiserne Ausdauer und klaglose Entsagung sind die zwei äußersten Pole der menschlichen Kraft.

———

25.

Nichts wird so oft unwiederbringlich versäumt wie eine Gelegenheit, die sich täglich bietet.

———

26.

Warten lernen wir gewöhnlich erst, wenn wir nichts mehr zu erwarten haben.

———

27.

Die Leidenschaft ist immer ein Leiden, auch die befriedigte.

———

28.

Schüchterne Dummheit und verschämte Armuth sind den Göttern heilig.

———

29.

Wenn es einen Glauben giebt, der Berge versetzen kann, so ist es der Glaube an die eigene Kraft.

———

30.

Die Consequenzen unserer guten Handlungen verfolgen uns unerbittlich und sind oft schwerer zu tragen als die der bösen.

———

31.

Die Gutmüthigkeit gemeiner Menschen gleicht dem Irrlicht. Vertraue nur seinem gleißenden Schein, es führt Dich gewiß in den Sumpf.

———

32.

Es giebt Frauen, die ihre Männer mit einer ebenso blinden, schwärmerischen und räthselhaften Liebe lieben, wie Nonnen ihr Kloster.

———

33.

Gebrannte Kinder fürchten das Feuer oder vernarren sich darein.

———

34.

Mitleid ist Liebe im Négligé.

———

35.

Ehen werden im Himmel geschlossen, aber daß sie gut gerathen, darauf wird dort nicht gesehen.

———

36.

Wer an die Freiheit des menschlichen Willens glaubt, hat nie geliebt und nie gehaßt.

———

37.

Die meisten Menschen brauchen mehr Liebe, als sie verdienen.

———

38.

Ein Dichter, der einen Menschen kennt, kann hundert schildern.

———

39.

Einer der seltensten Glücksfälle, die uns werden können, ist die Gelegenheit zu einer gut angewendeten Wohlthat.

———

40.

Die meisten Nachahmer lockt das Unnachahmliche.

———

41.

Haben und nichts geben, ist in manchen Fällen schlechter als stehlen.

———

42.

Der Arme rechnet dem Reichen die Großmuth niemals als Tugend an.

———

43.

Die Leute, denen man nie widerspricht, sind entweder die, welche man am meisten liebt, oder die, welche man am geringsten achtet.

———

44.

Die meiste Nachsicht übt der, der die wenigste braucht.

45.

Wenn ein Mensch uns zugleich Mitleid und Ehrfurcht einflößt, dann ist seine Macht über uns grenzenlos.

46.

Raison annehmen kann Niemand, der nicht schon welche hat.

47.

Wenn Jemand etwas kann, das gewöhnliche Menschen nicht können, so trösten sie sich damit, daß er gewiß von allem, was sie können, nichts kann.

48.

Hüte Dich vor der Tugend, die zu besitzen ein Mensch von sich selber rühmt.

49.

Wenn man nur die Alten liest, ist man sicher, immer neu zu bleiben.

50.

Das Mitleid des Schwächlings ist ein Licht, das nicht wärmt.

51.

Wer sich seiner eigenen Kindheit nicht mehr deutlich erinnert, ist ein schlechter Erzieher.

52.

Die eingebildeten Uebel sind die unheilbarsten.

53.

Selbst der bescheidenste Mensch hält mehr von sich, als sein bester Freund von ihm hält.

54.

Wenn der Kunst kein Tempel mehr offen steht, dann flüchtet sie in die Werkstatt.

55.

Man muß das Gute thun, damit es in der Welt sei.

56.

Der Haß ist ein fruchtbares, der Neid ein steriles Laster.

57.

Wir sollen immer verzeihen, dem Reuigen um seinet-
willen, dem Reuelosen um unseretwillen.

58.

Das Motiv einer guten Handlung ist manchmal nichts
anderes, als zur rechten Zeit eingetretene Reue.

59.

Das Vertrauen ist etwas so Schönes, daß selbst der
ärgste Betrüger sich eines gewissen Respects nicht erwehren
kann vor dem, der es ihm schenkt.

60.

Was Du zu müssen glaubst, ist das, was Du willst.

61.

Auch die Tugend ist eine Kunst, und auch ihre Anhänger theilen sich in Ausübende und in bloße Liebhaber.

62.

Das Alter verklärt oder versteinert.

63.

Die Güte, die nicht grenzenlos ist, verdient den Namen nicht.

64.

In der Jugend lernt, im Alter versteht man.

65.

Es ist ein Unglück, daß ein braves Talent und ein braver Mann so selten zusammen kommen!

66.

In einem guten Buche stehen mehr Wahrheiten, als sein Verfasser hinein zu schreiben meinte.

67.

Wir entschuldigen nichts so leicht als Thorheiten, die uns zuliebe begangen wurden.

68.

Unbegründeter Tadel ist manchmal eine feine Form der Schmeichelei.

69.

Sei Deines Willens Herr und Deines Gewissens
Knecht.

———

70.

Natur ist Wahrheit; Kunst ist die höchste Wahrheit.

———

71.

Zu späte Erfüllung einer Sehnsucht labt nicht mehr.
Die lechzende Seele zehrt sie auf wie glühendes Eisen
einen Wassertropfen.

———

72.

Die Thoren wissen gewöhnlich das am besten, was
jemals in Erfahrung zu bringen, der Weise verzweifelt.

———

73.

Wenn die Neugier sich auf ernsthafte Dinge richtet,
dann nennt man sie Wissensdrang.

———

74.

Etwas sollen wir unseren sogenannten guten Freunden
immer abzulernen suchen — ihre Scharfsichtigkeit für unsere
Fehler.

———

75.

Die Liebe hat nicht nur Rechte, sie hat auch immer recht.

76.

Nur was für die Gegenwart zu gut ist, ist gut genug für die Zukunft.

77.

Nicht jene, die streiten, sind zu fürchten, sondern jene, die ausweichen.

78.

In jedem tüchtigen Menschen steckt ein Poet, und kommt beim Schreiben zum Vorschein, beim Lesen, beim Sprechen oder beim Zuhören.

79.

Unerreichbare Wünsche werden als „fromme" bezeichnet. Man scheint anzunehmen, daß nur die profanen in Erfüllung gehen.

80.

Der Geist ist ein intermittirender, die Güte ein permanenter Quell.

81.

Man kann viele Dinge kaufen, die unbezahlbar sind.

82.

Wenn zwei brave Menschen über Grundsätze streiten, haben immer beide recht.

83.

Nichts ist weniger verheißend als Frühreife; die junge Distel sieht einem zukünftigen Baume viel ähnlicher als die junge Eiche.

84.

Wenn die Mißgunst aufhören muß, fremdes Verdienst zu leugnen, fängt sie an, es zu ignoriren.

85.

Die Theilnahme der meisten Menschen besteht aus einer Mischung von Neugier und Wichtigthuerei.

86.

Macht ist Pflicht — Freiheit ist Verantwortlichkeit.

87.

Seit dem bekannten Siege der Schildkröte über den Hasen hält sie sich für eine Schnellläuferin.

88.

Es giebt Fälle, in denen vernünftig sein, feig sein heißt.

89.

Sich mit Wenigem begnügen ist schwer, sich mit Vielem begnügen noch schwerer.

90.

Die Bescheidenheit, die zum Bewußtsein kommt, kommt ums Leben.

91.

Für das Können giebt es nur einen Beweis: das Thun.

92.

Wenn Du einen vielbetretenen Weg lange gehst, so gehst Du ihn endlich allein.

93.

Es giebt Menschen mit leuchtendem und Menschen mit glänzendem Verstande. Die ersten erhellen ihre Umgebung, die zweiten verdunkeln sie.

94.

Man fordre nicht Wahrhaftigkeit von den Frauen, so lange man sie in dem Glauben erzieht, ihr vornehmster Lebenszweck sei — zu gefallen.

95.

An das Gute glauben nur die Wenigen, die es üben.

96.

Der am unrechten Orte vertraute, wird dafür am unrechten Orte mißtrauen.

97.

Es würde sehr wenig Böses auf Erden gethan werden, wenn das Böse niemals im Namen des Guten gethan werden könnte.

98.

Alles wird uns heimgezahlt, wenn auch nicht von Denen, welchen wir geborgt haben.

99.

Die Menschen, denen wir eine Stütze sind, die geben uns den Halt im Leben.

100.

Es giebt eine schöne Form der Verstellung: die Selbstüberwindung, — und eine schöne Form des Egoismus: die Liebe.

Zweites Hundert.

———✳———

1.

Wenn man das Dasein als eine Aufgabe betrachtet, dann vermag man es immer zu ertragen.

———

2.

Schwächliche Grämlichkeit, die alle Fünf gerade sein läßt, ist die Karikatur der Resignation.

———

3.

Der Gläubige, der nie gezweifelt hat, wird schwerlich einen Zweifler bekehren.

———

Es stände besser um die Welt, wenn die Mühe, die man sich giebt, die subtilsten Moralgesetze auszuklügeln, zur Ausübung der einfachsten angewendet würde.

———

5.

Man kann nicht allen helfen! sagt der Engherzige und — hilft Keinem.

6.

Wer nichts weiß, muß alles glauben.

7.

Eltern verzeihen ihren Kindern die Fehler am schwersten, die sie selbst ihnen anerzogen haben.

8.

Wenn ein edler Mensch sich bemüht ein begangenes Unrecht gut zu machen, kommt seine Herzensgüte am reinsten und schönsten zu Tage.

9.

Du kannst so rasch sinken, daß Du zu fliegen meinst.

10.

Was liegt dem Narren an einem vernünftigen Menschen? Die wichtige Person für ihn ist der andere Narr, der ihn gelten läßt.

11.

Verständniß des Schönen und Begeisterung für das
Schöne sind Eins.

12.

Wo die Eitelkeit anfängt, hört der Verstand auf.

13.

Auch was wir am meisten sind, sind wir nicht immer.

14.

Um in eine Versammlung feiner Leute treten zu
dürfen, muß man den Frack tragen, die Uniform oder
— die Livrée.

15.

Wer Geduld sagt, sagt Muth, Ausdauer, Kraft.

16.

Der Geist einer Sprache offenbart sich am deutlichsten
in ihren unübersetzbaren Worten.

17.

Das Verständniß reicht oft viel weiter als der Verstand.

18.

So mancher meint ein gutes Herz zu haben und hat
nur schwache Nerven.

19.

Zwei sehr verschiedene Tugenden können einander
lange und scharf befehden; der Augenblick bleibt nicht aus,
in dem sie erkennen, daß sie Schwestern sind.

20.

Beim Tode eines geliebten Menschen schöpfen wir
eine Art Trost aus dem Glauben, daß der Schmerz über
unseren Verlust sich nie vermindern wird.

21.

Was ein Mensch glaubt und woran er zweifelt, ist
gleich bezeichnend für die Stärke seines Geistes.

22.

Der herbste Tadel läßt sich ertragen, wenn man
fühlt, daß Derjenige, der tadelt, lieber loben würde.

23.

Alte Diener sind kleine Tyrannen, an welche die
große Tyrannin Gewohnheit uns knüpft.

24.

Verschmähtes Erbarmen kann sich in Grausamkeit verwandeln, wie verschmähte Liebe in Haß.

25.

Aus dem Verlangen nach dem Ueberflüssigen ist die Kunst entstanden.

26.

Es giebt Gelegenheiten, in denen man sonst ganz wahrhaftigen Menschen keinen Glauben schenken darf. Zum Beispiel, dem Großmüthigen, wenn er von seinen Ausgaben, und dem Sparsamen, wenn er von seinen Einnahmen spricht.

27.

Man kann nicht jedes Unrecht gut, wohl aber jedes Recht schlecht machen.

28.

Fortwährendem Entbehren folgt Stumpfheit ebenso gewiß wie übermäßigem Genuß.

29.

Der Gedanke an die Vergänglichkeit aller irdischen Dinge ist ein Quell unendlichen Leids — und ein Quell unendlichen Trostes.

30.

Wo wäre die Macht der Frauen, wenn die Eitelkeit der Männer nicht wäre?

———

31.

Menschen, die nach immer größerem Reichthum jagen, ohne sich jemals Zeit zu gönnen, ihn zu genießen, sind wie Hungrige, die immerfort kochen, sich aber nie zu Tische setzen.

———

32.

Einen Gedanken verfolgen — wie bezeichnend dies Wort! Wir eilen ihm nach, erhaschen ihn, er entwindet sich uns, und die Jagd beginnt von Neuem. Der Sieg bleibt zuletzt dem Stärkeren. Ist es der Gedanke, dann läßt er uns nicht ruhen, immer wieder taucht er auf — neckend, quälend, unserer Ohnmacht ihn zu fassen, spottend. Gelingt es aber der Kraft unseres Geistes, ihn zu bewältigen, dann folgt dem heißen Ringkampf ein beseligendes, unwiderstehliches Bündniß auf Leben und Tod, und die Kinder, die ihm entspringen, erobern die Welt.

———

33.

Die Sittlichkeit verfeinert die Sitte, und die Sitte wiederum die Sittlichkeit.

———

34.

Nichts ist erbärmlicher als die Resignation, die zu früh kommt.

35.

Arme Leute schenken gern.

36.

Auch in ein neues Glück muß man sich schicken lernen.

37.

Der eitle, schwache Mensch sieht in Jedem einen Richter, der stolze, starke hat keinen Richter als sich selbst.

38.

Autoren, die bestohlen werden, sollten sich darüber nicht beklagen, sondern freuen. In einer Gegend, in der kein Waldfrevel vorkommt, hat der Wald keinen Werth.

39.

Wenn alberne Leute sich bemühen, ein Geheimniß vor uns zu verbergen, dann erfahren wir es gewiß, so wenig uns auch danach gelüstet.

40.

Merkmal großer Menschen ist, daß sie an Andere weit geringere Anforderungen stellen als an sich selbst.

41.

Denkfaulheit, Oberflächlichkeit, Starrsinn sind weibliche, Genußsucht, Rücksichtslosigkeit, Roheit sind männliche, Trotz, Eitelkeit, Neugier sind kindische Fehler.

42.

Wer in der Gegenwart von Kindern spottet oder lügt, begeht ein todeswürdiges Verbrechen.

43.

Die Eitelkeit weist jede gesunde Nahrung von sich, lebt ausschließlich von dem Gifte der Schmeichelei und gedeiht dabei in üppigster Fülle.

44.

Der Schmerz ist der große Lehrer der Menschen. Unter seinem Hauche entfalten sich die Seelen.

45.

Der Mann ist der Herr des Hauses; im Hause aber soll nur die Frau herrschen.

46.

Treue Liebe kann zwischen Menschen von sehr ver=
schiedenem, dauernde Freundschaft nur zwischen Menschen
von gleichem Werthe bestehen. Aus diesem Grunde ist
die zweite viel seltener als die erste.

47.

Eine gescheite Frau hat Millionen geborener Feinde:
— alle dummen Männer.

48.

Der alte Satz: Aller Anfang ist schwer, gilt nur
für Fertigkeiten. In der Kunst ist nichts schwerer als
Beenden und bedeutet zugleich Vollenden.

49.

Ein Schwachkopf, der über andere Menschen ur=
theilen soll, kann sich höchstens in ihre Lage, nie aber
in ihre Denk= und Empfindungsweise versetzen.

50.

Es giebt nichts Böses, freilich auch kaum etwas
Gutes, das nicht schon aus Eitelkeit gethan worden wäre.

51.

Wenig Leidenschaft, große Herzenswärme, Verstand, Anmuth, leichte Umgangsformen, Respekt vor dem Ernst, Verständniß für den Scherz — Summa summarum: — Liebenswürdigkeit.

52.

Ein scheinbarer Widerspruch gegen ein Naturgesetz ist nur die selten vorkommende Bethätigung eines andern Naturgesetzes.

53.

Eine Vernunftehe schließen, heißt in den meisten Fällen, alle seine Vernunft zusammennehmen, um die wahnsinnigste Handlung zu begehen, die ein Mensch begehen kann.

54.

Wer es versteht, den Leuten mit Anmuth und Behagen Dinge auseinander zu setzen, die sie ohnehin wissen, der verschafft sich am geschwindesten den Ruf eines gescheiten Menschen.

55.

Ueber das Kommen mancher Leute tröstet uns nichts als — die Hoffnung auf ihr Gehen.

56.

Zu jeder Zeit liegen einige große Wahrheiten in der Luft; sie bilden die geistige Atmosphäre des Jahrhunderts.

———

57.

Was nennen die Menschen am liebsten dumm? Das Gescheite, das sie nicht verstehen.

———

58.

Der sich keine Annehmlichkeit versagen kann, wird sich nie ein Glück erobern.

———

59.

Ein Gedanke kann nicht erwachen, ohne andere zu wecken.

———

60.

Die unerträglichsten Heuchler sind diejenigen, die jedes Vergnügen, das ihnen geboren wird, von der Pflicht zur Taufe tragen lassen.

———

61.

Ein Streit zwischen wahren Freunden, wahren Liebenden bedeutet gar nichts. Gefährlich sind nur die Streitigkeiten zwischen Menschen, die einander nicht ganz verstehen.

———

62.

Es giebt eine Menge kleiner Unarten und Rück=
sichtslosigkeiten, die an und für sich nichts bedeuten, aber
furchtbar sind als Kennzeichen der Beschaffenheit einer
Seele.

63.

Wenn die Großmuth vollkommen sein soll, muß
sie eine kleine Dosis Leichtsinn enthalten.

64.

Es gehört immer etwas guter Wille dazu, selbst das
Einfachste zu begreifen, selbst das Klarste zu verstehen.

65.

Gemeinverständlich, das heißt: auch den Gemeinen
verständlich, und heißt überdies nicht selten: den Nicht=
Gemeinen ungenießbar.

66.

Jung sein ist schön; alt sein ist bequem.

67.

Die Gedankenlosigkeit hat mehr ehrliche Namen zu
Grunde gerichtet als die Bosheit.

68.

Wenn Du durchaus nur die Wahl haft zwischen einer Unwahrheit und einer Grobheit, dann wähle die Grobheit; wenn jedoch die Wahl getroffen werden muß zwischen einer Unwahrheit und einer Grausamkeit, dann wähle die Unwahrheit.

69.

Die Wortkargen imponiren immer. Man glaubt schwer, daß Jemand kein anderes Geheimniß zu bewahren hat als das seiner Unbedeutendheit.

70.

Die Empfindung des Einsamseins ist schmerzlich, wenn sie uns im Gewühl der Welt, unerträglich jedoch, wenn sie uns im Schoße unserer Familie überfällt.

71.

Verwöhnte Kinder sind die unglücklichsten; sie lernen schon in jungen Jahren die Leiden der Tyrannen kennen.

72.

Er ist ein guter Mensch! sagen die Leute gedanken=los. Sie wären sparsamer mit diesem Lobe, wenn sie wüßten, daß sie kein höheres zu ertheilen haben.

73.

Man hat einen zu guten oder einen zu schlechten Ruf; nur den Ruf hat man nicht, den man verdient.

74.

Du müßtest gern, was Deine Bekannten von Dir sagen? Höre, wie sie von Leuten sprechen, die mehr werth sind als Du.

75.

Im Laufe des Lebens verliert alles seine Reize wie seine Schrecken; nur Eines hören wir nie auf zu fürchten: das Unbekannte.

76.

Der Charakter des Künstlers ernährt oder verzehrt sein Talent.

77.

Ein Mann, der sich im Gespräche mit seiner Frau widerlegt fühlt, fängt sogleich an, sie zu überschreien: Er will und kann beweisen, daß ihm immer, auch wenn er falsch singt, die erste Stimme gebührt.

78.

Fähigkeit ruhiger Erwägung —: Anfang aller Weisheit, Quell aller Güte!

79.

Ausnahmen sind nicht immer Bestätigung der alten Regel; sie können auch die Vorboten einer neuen Regel sein.

80.

Manche Leute wären frei, wenn sie zu dem Bewußtsein ihrer Freiheit kommen könnten.

81.

Muth des Schwachen, Milde des Starken — beide anbetungswürdig!

82.

Suche immer zu nützen, suche nie Dich unentbehrlich zu machen.

83.

Die Frau verliert in der Liebe zu einem ausgezeichneten Manne das Bewußtsein ihres eigenen Werthes; der Mann kommt erst recht zum Bewußtsein des seinen durch die Liebe einer edlen Frau.

84.

Der Schwächling ist bereit, sogar seine Tugenden zu verleugnen, wenn sie Anstoß erregen sollten.

85.

Der Philosoph zieht seine Schlüsse, der Poet muß die seinen entstehen lassen.

———

86.

So manche Wahrheit ging von einem Irrthum aus.

———

87.

Ein litterarischer Dieb, der sich das Stehlen recht sauer werden läßt, kann sein Lebenlang für einen originellen und ehrlichen Mann gelten.

———

88.

Wenn Du sicher wählen willst im Conflict zweier Pflichten, wähle diejenige, die zu erfüllen Dir schwerer fällt.

———

89.

Ein wahrer Freund trägt mehr zu unserem Glück bei, als tausend Feinde zu unserem Unglück.

———

90.

Die Großen schaffen das Große, die Guten das Dauernde.

———

91.

Ein anregendes Buch — eine Speise, die hungrig macht.

———

92.

Der Verstand und das Herz stehen auf sehr gutem Fuße. Eines vertritt oft die Stelle des andern so vollkommen, daß es schwer ist zu entscheiden, welches von beiden thätig war.

———

93.

Manuscripte vermodern im Schranke oder reifen darin.

———

94.

Wer in die Oeffentlichkeit tritt, hat keine Nachsicht zu erwarten und keine zu fordern.

———

95.

Ein Mann mit großen Ideen ist ein unbequemer Nachbar.

———

96.

Mehr noch als nach dem Glück unserer Jugend sehnen wir uns im Alter nach den Wünschen unserer Jugend zurück.

———

97.

Erstritten ist besser als erbettelt.

98.

Das Tüttelchen Wahrheit, das in mancher Lüge ent=
halten ist, das macht sie furchtbar.

99.

Unseren schlechten Eigenschaften gegenüber giebt es
nur ewigen Kampf oder schimpflichen Frieden.

100.

Was Du wirklich besitzest, das wurde Dir geschenkt.

Drittes Hundert.

——×——

1.

Wohl Jedem, der nur liebt, was er darf, und nur haßt, was er soll.

———

2.

Die kleinsten Sünder thun die größte Buße.

———

3.

An groß angelegte Menschen denkt sich's gut, mit fein angelegten Menschen lebt sich's gut.

———

4.

Für die Anspruchsvollen plagt man sich, aber die Anspruchslosen liebt man.

———

5.

Respect vor dem Gemeinplatz! Er ist seit Jahrhunderten aufgespeicherte Weisheit.

———

6.

Ein fauler und ein fleißiger Mensch können nicht gut mit einander leben, der faule verachtet den fleißigen gar zu sehr.

7.

Wenn man nicht aufhören will, die Menschen zu lieben, muß man nicht aufhören, ihnen Gutes zu thun.

8.

Das edle: Ich will! hat keinen schlimmeren Feind, als das feige, selbstbetrügerische: Ja, wenn ich wollte!

9.

Es kommt alles auf die Umgebung an. Die Sonne im lichten Himmelsraume hat eine viel geringere Meinung von sich als die Unschlittkerze, die im Keller brennt.

10.

Der Künstler versäume nie, die Spuren des Schweißes zu verwischen, den sein Werk gekostet hat. Sichtbare Mühe war zu wenig Mühe.

11.

Die Herrschaft über den Augenblick ist die Herrschaft über das Leben.

12.

Man darf die Phantasie verführen, aber Gewalt darf man ihr nicht anthun wollen.

13.

Nicht tödtlich, aber unheilbar, das sind die schlimmsten Krankheiten.

14.

Kein Mensch steht so hoch, daß er anderen gegenüber nur gerecht sein dürfte.

15.

Wenn die Zeit kommt, in der man könnte, ist die vorüber, in der man kann.

16.

Der Umgang mit einem Egoisten ist darum so verderblich, weil die Nothwehr uns zwingt, allmälig in seinen Fehler zu verfallen.

17.

Das giebt sich, sagen schwache Eltern von den Fehlern ihrer Kinder. O nein, es giebt sich nicht, es entwickelt sich!

18.

Das Recht des Stärkeren ist das stärkste Unrecht.

19.

Der größte Feind des Rechtes ist das Vorrecht.

20.

Zwischen Können und Thun liegt ein Meer und auf seinem Grunde die gescheiterte Willenskraft.

21.

Ein stolzer Mensch verlangt von sich das Außerordentliche, ein hochmüthiger schreibt es sich zu.

22.

Bewunderung der Tugend ist Talent zur Tugend.

23.

Viele Leute glauben, wenn sie einen Fehler erst eingestanden haben, brauchen sie ihn nicht mehr abzulegen.

24.

Die bedauernswerthesten Menschen sind diejenigen, welche Pflichtgefühl besitzen, aber nicht die Kraft, ihm zu genügen.

25.

Beim Wiederſehen nach einer Trennung fragen die Bekannten nach dem, was mit uns, die Freunde nach dem, was in uns vorgegangen.

———

26.

Es giebt überall verſchämte Arme, nur nicht in der Litteratur.

———

27.

Wer ſich mit wenig Ruhm begnügt, verdient nicht vielen.

———

28.

Sagen, was man denkt, iſt manchmal die größte Thorheit und manchmal — die größte Kunſt.

———

29.

Menſchen, die viel von ſich ſprechen, machen — ſo ausgezeichnet ſie übrigens ſein mögen — den Eindruck der Unreiſe.

———

30.

Es giebt mehr naive Männer als naive Frauen.

———

31.

Der Weiſe iſt ſelten klug.

———

32.

Wie viel Bewegung wird hervorgebracht durch das Streben nach Ruhe!

33.

Echte Propheten haben manchmal, falsche Propheten haben immer fanatische Anhänger.

34.

Soweit die Erde Himmel sein kann, soweit ist sie es in einer glücklichen Ehe.

35.

Demuth ist Unverwundbarkeit.

36.

Ein guter Witz muß den Schein des Unabsichtlichen haben. Er giebt sich nicht dafür, aber siehe da, der Scharf= sinn des Hörers entdeckt ihn, entdeckt den geistreichen Ge= danken in der Maske eines schlichten Wortes. Ein guter Witz reist incognito.

37.

Manche Tugenden kann man dadurch erwerben, daß man sie lange Zeit hindurch heuchelt. Andere wird man um so weniger erringen, je mehr man sucht, sich ihren Schein zu geben. Zu den ersten gehört der Muth, zu den zweiten die Bescheidenheit.

38.

Wohlerzogene Menschen sprechen in Gesellschaft weder vom Wetter noch von der Religion.

39.

Der Staat ist am tiefsten gesunken, dessen Regierung schweigend zuhören muß, wenn die offenkundige Schufterei ihr Sittlichkeit predigt.

40.

Nicht leisten können, was Andere leisten — Du mußt dich bescheiden. Nicht mehr leisten können, was Du selbst einmal geleistet hast — zum verzweifeln.

41.

Liebhabereien bewahren vor Leidenschaften; eine Liebhaberei wird zur Leidenschaft.

42.

Welch' ein Unterschied liegt darin, wie man's macht und wie sich's macht!

43.

Den Strich, den das Genie in Einem Zuge hinwirft, kann das Talent in glücklichen Stunden aus Punkten zusammensetzen.

44.

Ein Nichts vermag das Vertrauen in die eigene Kraft zu erschüttern, aber nur ein Wunder vermag es wieder zu befestigen.

———

45.

Vieles erfahren haben, heißt noch nicht Erfahrung besitzen.

———

46.

In jede hohe Freude mischt sich eine Empfindung der Dankbarkeit.

———

47.

Die Menschen, bei denen Verstand und Gemüth sich die Wage halten, gelangen spät zur Reife.

———

48.

Der niemals Ehrfurcht empfunden hat, wird sie auch niemals erwecken.

———

49.

Wo giebt es noch einmal zwei Dinge so entgegengesetzt und doch so nahe verwandt, so unähnlich und doch so oft kaum von einander zu unterscheiden, wie Bescheidenheit und Stolz?

———

50.

Nicht, was wir erleben, sondern wie wir empfinden, was wir erleben, macht unser Schicksal aus.

51.

Es gäbe keine Geselligkeit, alle Familienbande würden gelockert, wenn die Gedanken der Menschen auf ihrer Stirn zu lesen wären.

52.

Wenn mein Herz nicht spricht, dann schweigt auch mein Verstand, sagt die Frau.

Schweige, Herz, damit der Verstand zu Worte komme, sagt der Mann.

53.

Liebe alle Menschen, der Leidende aber sei Dein Kind.

54.

Die Langweile, die in manchem Buche herrscht, gereicht ihm zum Heil; die Kritik, die schon ihren Speer erhoben hatte, schläft ein, bevor sie ihn geschleudert hat.

55.

An Rheumatismen und an wahre Liebe glaubt man erst, wenn man davon befallen wird.

56.

Aerzte werden gehaßt aus Ueberzeugung oder aus Oekonomie.

57.

Die Ambrosia der früheren Jahrhunderte ist das tägliche Brod der späteren.

58.

Ein wirklich guter und liebenswürdiger Mensch kann soviel Freunde haben, als er will, aber nicht immer diejenigen, die er will.

59.

Auf angeborene Tugenden ist man nicht stolz.

60.

Ein ganzes Buch — ein ganzes Leben.

61.

Was Menschen und Dinge werth sind, kann man erst beurtheilen, wenn sie alt geworden.

62.

Der Wohlwollende fürchtet Mißgunst nicht.

63.

Wir hätten wenig Mühe, wenn wir niemals unnöthige Mühe hätten.

———

64.

Es findet nicht nur jeder Odysseus seinen Homer, sondern auch jeder Mahomet seine Chadidscha.

———

65.

Jeder Weltmann verkehrt lieber mit einem wohl= erzogenen Bösewicht, als mit einem schlechterzogenen Heiligen.

———

66.

Wenn wir àn Freuden denken, die wir erlebt haben, oder noch zu erleben hoffen, denken wir sie uns immer ungetrübt.

———

67.

Nicht jeder große Mann ist ein großer Mensch.

———

68.

Die uns gespendete Liebe, die wir nicht als Segen und Glück empfinden, empfinden wir als eine Last.

———

69.

Nichts lernen wir so spät und verlernen wir so früh, als zugeben, daß wir Unrecht haben.

70.

Die Thaten reden, aber den Ungläubigen überzeugen sie doch nicht.

71.

Jeder Dichter und alle ehrlichen Dilettanten schreiben mit ihrem Herzblute, aber wie diese Flüssigkeit beschaffen ist, darauf kommt es an.

72.

Je weiter unsere Erkenntniß Gottes dringt, je weiter weicht Gott vor uns zurück.

73.

Der Genius weist den Weg, das Talent geht ihn.

74.

Die Menschen, die wir am meisten verwöhnen, sind nicht immer die, die wir am meisten lieben.

75.

Dem großen Dichter muß man ein starkes Selbst=
gefühl zu gute halten. Eine gewisse Gottähnlichkeit ist
Dem nicht abzusprechen, der aus seinem Geiste Menschen
schafft.

76.

Ueberlege ein Mal, bevor Du giebst, zwei Mal, bevor
Du annimmst, und tausendmal, bevor Du verlangst.

77.

Der Maßstab, den wir an die Dinge legen, ist das
Maß unseres eigenen Geistes.

78.

Der Künstler hat nicht dafür zu sorgen, daß sein
Werk Anerkennung finde, sondern dafür, daß es sie verdiene.

79.

Ein einziges Wort verräth uns manchmal die Tiefe
eines Gemüths, die Gewalt eines Geistes.

80.

Sobald eine Mode allgemein geworden ist, hat sie
sich überlebt.

81.

Die Natur hat leicht verschwenden; auch das scheinbar ganz nutzlos Verstreute fällt zuletzt doch in ihren Schoß.

———

82.

Der kleinste Fehler, den ein Mensch uns zu Liebe ablegt, verleiht ihm in unseren Augen mehr Werth, als die größten Tugenden, die er sich ohne unser Zuthun aneignet.

———

83.

Es ist schlimm, wenn zwei Eheleute einander langweilen, viel schlimmer jedoch ist es, wenn nur Einer von ihnen den Andern langweilt.

———

84.

Die größte Gewalt über einen Mann hat die Frau, die sich ihm zwar versagt, ihn aber in dem Glauben zu erhalten versteht, daß sie seine Liebe erwidere.

———

85.

Was noch zu leisten ist, das bedenke; was Du schon geleistet hast, das vergiß.

———

86.

Wer die materiellen Genüsse des Lebens seinen idealen Gütern vorzieht, gleicht dem Besitzer eines Palastes, der sich in den Gesindestuben einrichtet und die Prachtsäle leer stehen läßt.

87.

Im Laufe des Lebens nützen unsere Laster sich ab, wie unsere Tugenden.

88.

Die Welt gehört Denen, die sie haben wollen, und wird von Jenen verschmäht, denen sie gehören sollte.

89.

Wenn ich nicht predigen müßte, würde ich mich nicht kasteien, sagte ein wahrheitsliebender Priester.

90.

Treue üben ist Tugend, Treue erfahren ist Glück.

91.

Der Augenblick tritt niemals ein, in welchem der Dummkopf den Weisen nicht für fähig hielte, einen Unsinn zu sagen oder eine Thorheit zu begehen.

92.

Die Gleichgültigkeit, der innere Tod, ist manchmal ein Zeichen von Erschöpfung, meistens ein Zeichen von geistiger Impotenz und immer — guter Ton.

93.

Was liegt am Ruhm, da man den Nachruhm nicht erleben kann?

94.

Wir sind für nichts so dankbar wie für Dankbarkeit.

95.

Es darf so mancher Talentlose von dem Werke so manches Talentvollen sagen: Wenn ich das machen könnte, würde ich es besser machen.

96.

Dilettanten haben nicht einmal in einer secundären Kunst etwas Bleibendes geleistet, sich aber verdient gemacht um die höchste aller Wissenschaften, die Philosophie. Den Beweis dafür liefern: Montaigne, La Rochefoucauld, Vauvenargues.

97.

Wenn wir auch der Schmeichelei keinen Glauben
schenken, der Schmeichler gewinnt uns doch. Einige Dank=
barkeit empfinden wir immer für den, der sich die Mühe
giebt, uns angenehm zu belügen.

98.

Aus dem Mitleid mit Anderen erwächst die feurige,
die muthige Barmherzigkeit; aus dem Mitleid mit uns
selbst die weichliche, feige Sentimentalität.

99.

Je kleiner das Sandkörnlein ist, desto sicherer hält
es sich für die Axe der Welt.

100.

Nur die allergescheitesten Leute benützen ihren Scharf=
sinn nicht bloß zur Beurtheilung Anderer, sondern auch
ihrer selbst.

Viertes Hundert.

———— ✳ ————

1.

Nächstenliebe lebt mit tausend Seelen, Egoismus mit einer einzigen, und die ist erbärmlich.

————

2.

Das Vernünftige ist durchaus nicht immer das Gute, das Vernünftigste jedoch muß auch das Beste sein.

————

3.

Späte Freuden sind die schönsten; sie stehen zwischen entschwundener Sehnsucht und kommendem Frieden.

————

4.

Künstler haben gewöhnlich die Meinung von uns, die wir von ihren Werken haben.

————

5.

Sehr geringe Unterschiede begründen manchmal sehr große Verschiedenheiten.

————

6.

Der Spott endet, wo das Verständniß beginnt.

7.

Um ein öffentliches Amt glänzend zu verwalten, braucht man eine gewisse Anzahl guter und — schlechter Eigenschaften.

8.

Hoffnungslose Liebe macht den Mann kläglich und die Frau beklagenswerth.

9.

Alle Enttäuschungen sind gering im Vergleich zu denen, die wir an uns selbst erleben.

10.

Je kürzer der Fleiß, je länger der Tag.

11.

Den Menschen, die große Eigenschaften besitzen, verzeiht man ihre kleinen Fehler am schwersten.

12.

Dem Hungrigen ist leichter geholfen als dem Uebersättigten.

13.

Weh der Frau, die nicht im Falle der Noth ihren Mann zu stellen vermag.

———

14.

Das unfehlbare Mittel, Autorität über die Menschen zu gewinnen, ist, sich ihnen nützlich zu machen.

———

15.

Rücksichtslosigkeiten, die edle Menschen erfahren haben, verwandeln sich in Rücksichten, die sie erweisen.

———

16.

Wenn man ein Seher ist, braucht man kein Beob=
achter sein.

———

17.

Der ans Ziel getragen wurde, darf nicht glauben, es erreicht zu haben.

———

18.

Es ist die Frage, was man im Leben sucht, Unter=
haltung oder Liebe. Im ersten Falle darf man es nicht allzu genau mit der moralischen, im zweiten nicht allzu genau mit der geistigen Beschaffenheit der Menschen nehmen, mit denen man sich umgiebt.

———

19.

Den Feind unserer Marotte unseren Freund nennen, heißt gescheit sein.

———

20.

Und ich habe mich so gefreut! sagst Du vorwurfsvoll, wenn Dir eine Hoffnung zerstört wurde. Du hast Dich gefreut — ist das nichts?

———

21.

Sogar der edelste Mensch ist unfähig, einer Handlung vollkommen gerecht zu werden, die er selbst unter keiner Bedingung zu vollziehen vermöchte.

———

22.

Wenn wir nur noch das sehen, was wir zu sehen wünschen, sind wir bei der geistigen Blindheit angelangt.

———

23.

Unser Stolz auf den Besitz irgend einer guten Eigenschaft erleidet einen argen Stoß, wenn wir sehen, wie stolz Andere auf das Nichtbesitzen derselben guten Eigenschaft sind.

———

24.

Die wahre Ehrfurcht geht niemals aus der Furcht hervor.

———

25.

Die größte Gleichmacherin ist die Höflichkeit, durch sie werden alle Standesunterschiede aufgehoben.

26.

Wenn Jeder dem Andern helfen wollte, wäre Allen geholfen.

27.

Das Gemüth bleibt jung, solange es leidensfähig bleibt.

28.

Ausdauer ist eine Tochter der Kraft, Hartnäckigkeit eine Tochter der Schwäche, nämlich — der Verstandesschwäche.

29.

Theorie und Praxis sind Eins wie Seele und Leib, und wie Seele und Leib liegen sie großentheils mit einander in Streit.

30.

Die Liebe überwindet den Tod, aber es kommt vor, daß eine kleine üble Gewohnheit die Liebe überwindet.

31.

In der großen Welt gefällt nichts so sehr wie die Gleichgültigkeit darüber, ob man ihr gefällt.

32.

Die Laster sind unter einander näher verwandt als die Tugenden.

33.

Man muß schon etwas wissen, um verbergen zu können, daß man nichts weiß.

34.

Die Palme beugt sich, aber nicht der Pfahl.

35.

Die meisten Menschen ertragen es leichter, daß man ihnen zuwider handelt, als daß man ihnen zuwider spricht.

36.

Die Gelassenheit ist eine anmuthige Form des Selbst=bewußtseins.

37.

Begreifen — geistiges Berühren. Erfassen — geistiges Sichaneignen.

38.

Die Unschuld des Mannes heißt Ehre; die Ehre der Frau heißt Unschuld.

39.

Gedanken, die schockweise kommen, sind Gesindel. Gute Gedanken erscheinen in kleiner Gesellschaft. Ein göttlicher Gedanke kommt allein.

40.

Es muß sein! — grausamster Zwang. Es hat sein müssen! — bester Trost.

41.

Als eine Frau lesen lernte, trat die Frauenfrage in die Welt.

42.

Während des Beisammenseins mit geliebten Menschen kann man sich in den Zustand der Trennung von ihnen ebenso wenig hineindenken wie in den des Todes.

43.

Eitelkeit ist mächtiger als Scham.

44.

Der Weltmann kennt gewöhnlich die Menschen, aber nicht den Menschen. Beim Dichter ist's umgekehrt.

45.

Im Grunde ist jedes Unglück gerade nur so schwer, als man es nimmt.

46.

Tugend und Gelehrsamkeit haben nichts mit einander gemein, heißt es. Seht aber zu, wohin es mit Eurem moralischen Fortschreiten kommt, wenn Ihr von dem geistigen Fortschreiten Eurer Zeit keine Notiz nehmt.

47.

Das Erfundene kann vervollkommnet, das Geschaffene nur nachgeahmt werden.

48.

Niemand ist so beflissen, immer neue Eindrücke zu sammeln, als Derjenige, der die alten nicht zu verarbeiten versteht.

49.

Die Aenderung, die unser Naturell im Laufe des Lebens erfährt, sieht manchmal aus wie eine Aenderung unseres Charakters.

50.

Liebe ist Qual, Lieblosigkeit ist Tod.

51..

Die Sitte ist schon gerichtet zu deren Gunsten wir kein anderes Argument vorzubringen wissen als das ihrer Allgemeinheit.

52.

Die Kleinen schaffen, der Große erschafft.

53.

Daß andere Leute kein Glück haben, finden wir sehr leicht natürlich, daß wir selbst keines haben, immer unfaßbar.

54.

Erinnere Dich der Vergessenen — eine Welt geht Dir auf.

55.

Alle irdische Gewalt beruht auf Gewaltthätigkeit.

56.

Die Grausamkeit des Ohnmächtigen äußert sich als Gleichgültigkeit.

***

57.

Am unbarmherzigsten im Urtheil über fremde Kunst=leistungen sind die Frauen mittelmäßiger Künstler.

***

58.

Im Alter sind wir der Schmeichelei viel zugänglicher als in der Jugend.

***

59.

Die Frau, die ihren Mann nicht beeinflussen kann, ist ein Gänschen. Die Frau, die ihn nicht beeinflussen will — eine Heilige.

***

60.

Der Egoismus glücklicher Menschen ist leichtsinnig, seiner selbst unbewußt. Der Egoismus unglücklicher Menschen ist verbissen, bitter und von seinem Recht zu bestehen überzeugt.

***

61.

Man bleibt jung so lange man noch lernen, neue Gewohnheiten annehmen und einen Widerspruch ertragen kann.

***

62.

Da zuletzt doch alles auf den Glauben hinaus läuft, müssen wir jedem Menschen das Recht zugestehen, lieber das zu glauben, was er sich selbst, als was Andere ihm weiß gemacht.

63.

Gutmüthigkeit ist eine alltägliche Eigenschaft, Güte die höchste Tugend.

64.

In der Jugend meinen wir, das Geringste, das die Menschen uns gewähren können, sei Gerechtigkeit. Im Alter erfahren wir, daß es das Höchste ist.

65.

Genug weiß Niemand, zu viel so Mancher.

66.

Verlegenheit äußert sich bei unerzogenen Menschen als Grobheit, bei nervösen Menschen als Schwatzhaftigkeit, bei alten Jungfern und Junggesellen als Bissigkeit. Phlegmatische Menschen macht die Verlegenheit stumm.

67.

Wo Geschmacklosigkeit daheim ist, wird auch immer etwas Rohheit wohnen.

68.

Der Verstand macht Märtyrer so gut, wie die Phantasie, doch er verläßt die seinen am Ende; sie bleibt den ihren getreu.

69.

Bis zu einem gewissen Grade selbstlos sollte man schon aus Selbstsucht sein.

70.

Die Rücksichten, die uns in der Welt erwiesen werden, stehen meistens in näherer Beziehung zu unseren Ansprüchen als zu unseren Verdiensten.

71.

Herrschaft behaupten wollen, heißt kämpfen wollen. Nutzen stiften wollen, heißt freilich auch kämpfen wollen, aber — um den Frieden.

72.

Das Feuer läutert, verdeckte Gluth frißt an.

73.

Hab' einen guten Gedanken, man borgt Dir zwanzig.

74.

Es giebt Menschen im Zopfstyl: viele hübsche Einzelheiten, das Ganze abgeschmackt.

75.

Das Gefühl schuldiger Dankbarkeit ist eine Last, die nur starke Seelen zu ertragen vermögen.

76.

Die Menschen der alten Zeit sind auch die der neuen, aber die Menschen von gestern sind nicht die von heute.

77.

Die Kunst ist im Niedergang begriffen, die sich von der Darstellung der Leidenschaft zu der des Lasters wendet.

78.

Man darf anders denken als seine Zeit, aber man darf sich nicht anders kleiden.

79.

Grobheit — geistige Unbeholfenheit.

80.

Wir können uns nie genug darüber wundern, wie so wichtig den Andern ihre eigenen Angelegenheiten sind.

81.

Die Kritik ist von geringer Qualität, die meint, ein Kunstwerk nur dann richtig beurtheilen zu können, wenn sie die Verhältnisse kennt, unter denen es entstanden ist.

82.

Dem, der uns Gutes thut, sind wir nie so dankbar, wie Dem, der uns böses thun könnte, es aber unterläßt.

83.

So Mancher meint ein Don Juan zu sein und ist nur ein Faun.

84.

Vorurtheil stützt die Throne, Unwissenheit die Altäre.

85.

Es kommt vor, daß Berge Mäuse gebären; manch=
mal tritt aber auch der entsetzliche Fall ein, daß einer
Maus zugemuthet wird, einen Berg zu gebären.

86.

Die Kraft verleiht Gewalt, die Liebe leiht Macht.

87.

Jeder Künstler soll es der Vogelmutter nachmachen,
die sich um ihre Brut nicht mehr bekümmert, sobald sie
flügge geworden ist.

88.

Frieden kannst Du nur haben, wenn Du ihn giebst.

89.

Den Angriffen der Gemeinheit gegenüber ist es schwer,
nicht in Selbstüberhebung zu verfallen.

90.

Die einzigen von der Welt unbestrittenen Ehren,
die einer Frau zu Theil werden können, sind diejenigen,
die sie im Reflex der Ehren ihres Mannes genießt.

91.

Im Unglück finden wir meistens die Ruhe wieder, die uns durch die Furcht vor dem Unglück geraubt wurde.

92.

Die Geschichte hat Helden und Werkzeuge, und macht beide unsterblich.

93.

Die großen Augenblicke im guten wie im bösen Sinne sind die, in denen wir gethan haben, was wir uns nie zugetraut hätten.

94.

Wenn die Nachtigallen aufhören zu schlagen, fangen die Grillen an zu zirpen.

95.

Der Witzling ist der Bettler im Reich der Geister; er lebt von Almosen, die das Glück ihm zuwirft — von Einfällen.

96.

An die Stützen, die wir wanken fühlen, klammern wir uns doppelt fest.

97.

Das Meiste haben wir gewöhnlich in der Zeit gethan, in der wir meinten, zu wenig zu thun.

98.

Die allerstillste Liebe ist die Liebe zum Guten.

99.

Beim Genie heißt es: Laß Dich gehen! Beim Talent: Nimm Dich zusammen!

100.

Ein böser Mensch vermag leichter einen guten, als ein guter einen bösen Vorsatz auszuführen.

Fünftes Hundert.

———✶———

1.

Wisset, die Euch Haß predigen, erlösen Euch nicht.

———

2.

Wir werden vom Schicksal hart oder weich geklopft;
es kommt auf das Material an.

———

3.

Die Aufgabe vieler Dichter=Generationen ist keine
andere, als das Werkzeug blank zu erhalten.

———

4.

Welcher Autor darf sagen, daß der Gedanke an die
Oberflächlichkeit der meisten Leser ihm stets ein peinlicher,
und nicht mitunter auch ein tröstlicher sei?

———

5.

Freundlichkeit kann man kaufen.

———

6.

Der Platz des Unparteiischen ist auf Erden zwischen den Stühlen, im Himmel aber wird er zur Rechten Gottes sitzen.

———

7.

Kein Mensch weiß, was in ihm schlummert und zu Tage kommt, wenn sein Schicksal anfängt, ihm über den Kopf zu wachsen.

———

8.

Genire Dich vor Dir selbst, das ist der Anfang aller Vorzüglichkeit.

———

9.

Die Litteratur wird heutzutage meist als Kunsthand-werk betrieben.

———

10.

Einen mit Weisheit Gesalbten darf man nie warm werden lassen, sonst trieft er.

———

11.

Man kann sich nicht im Besitz von eigentlich un-veräußerlichen Gütern befinden, ohne etwas von seinem Rechtssinn einzubüßen.

———

12.

Die Reue treibt den Schwachen zur Verzweiflung und macht den Starken zum Heiligen.

13.

Je ungebildeter ein Mensch, je schneller ist er mit einer Ausrede fertig.

14.

Die Erfolge des Tages gehören der verwegenen Mittel=mäßigkeit.

15.

Alberne Leute sagen Dummheiten, gescheite Leute machen sie.

16.

Das scheinbar am unnöthigsten gebrachte, thörichtste Opfer steht der absoluten Weisheit immer noch näher als die klügste That der sogenannten berechtigten Selbstsucht.

17.

Der Verstand wird meist auf Kosten des Gemüthes ausgebildet. — O nein, aber es giebt mehr bildungsfähige Köpfe als bildungsfähige Herzen.

18.

Der Arbeiter soll seine Pflicht thun, der Arbeitgeber soll mehr thun als seine Pflicht.

19.

Bei den Hottentotten ist nicht einmal Napoleon berühmt.

20.

Die Katzen halten keinen für eloquent, der nicht miauen kann.

21.

Ob das Werkzeug früher versagt oder die Hand, ist ein großer Unterschied, kommt aber auf eins heraus.

22.

Das Leben erzieht die großen Menschen und läßt die kleinen laufen.

23.

Der Pfennig der Wittwe wird von der Kirche dankbar quittirt. Willst Du gleichen Lohn empfangen im Tempel der Kunst, dann sei ein Krösus und bringe Dein Hab' und Gut.

24.

Geistlose Lustigkeit — Fratze der Heiterkeit.

25.

Es glaube doch nicht Jeder, der im Stande war, seine Meinung von einem Kunstwerk aufzuschreiben, er habe es kritisirt.

26.

Einen Menschen kennen, heißt ihn lieben oder ihn bedauern.

27.

Steril ist der, dem nichts einfällt; langweilig ist, der ein paar alte Gedanken hat, die ihm alle Tage neu einfallen.

28.

Es giebt wenig aufrichtige Freunde — die Nachfrage ist auch gering.

29.

Der von Schaffensfreude spricht, hat höchstens Mücken geboren.

30.

Die Wunden, die unserer Eitelkeit geschlagen werden, sind halb geheilt, wenn es uns gelingt, sie zu verbergen.

31.

Wir sind leicht bereit, uns selbst zu tadeln, unter der Bedingung — daß Niemand einstimmt.

———

32.

Sei froh, wenn jeder Lober Dir nur einen Neider erweckt.

———

33.

Klarheit ist Wahrhaftigkeit in der Kunst und in der Wissenschaft.

———

34.

So weit Deine Selbstbeherrschung geht, so weit geht Deine Freiheit.

———

35.

Was Du bekrittelst, hast Du verloren.

———

36.

Der Leichtsinnige kümmert sich nicht einmal um den morgigen Tag, und Ihr wollt ihn mit der Ewigkeit schrecken?

———

37.

Es ist schwer Den, der uns bewundert, für einen Dummkopf zu halten.

———

38.

Daß soviel Ungezogenheit gut durch die Welt kommt, daran ist die Wohlerzogenheit schuld.

39.

Nur der Denkende erlebt sein Leben, am Gedankenlosen zieht es vorbei.

40.

Wenn Ihr wüßtet, daß Ihr solidarisch seid für jedes begangene Unrecht, das Lästern würde Euch vergehen.

41.

Der sich gar zu leicht bereit findet, seine Fehler einzusehen, ist selten der Besserung fähig.

42.

Manche Menschen haben ein Herz von Eisen und drin ein Fleckchen so weich wie Brei.

43.

Die öffentliche Meinung wird verachtet von den erhabensten und von den am tiefsten gesunkenen Menschen.

44.

Es giebt keine schüchternen Lehrlinge mehr; es giebt nur noch schüchterne Meister.

45.

Was geschehen ist, so lange die Welt steht, braucht deshalb nicht zu geschehen, so lange sie noch stehen wird.

46.

Wenn wir nur das Unrecht hassen und nicht Diejenigen, die es thun, werden wir unsere Kampfgenossen und unsere Feinde lieben.

47.

Unbefangenheit, Geradheit, Bescheidenheit sind auch göttliche Tugenden.

48.

Mißtraue Deinem Urtheil, sobald Du darin den Schatten eines persönlichen Motivs entdecken kannst.

49.

Der Ignorant weiß nichts, der Parteimann will nichts wissen.

50.

Wir sind in Todesangst, daß die Nächstenliebe sich zu weit ausbreiten könnte, und richten Schranken gegen sie auf — die Nationalitäten.

51.

Nichts Besseres kann der Künstler sich wünschen als grobe Freunde und höfliche Feinde.

52.

Alle historischen Rechte veralten.

53.

Anspruchslosigkeit ist Seligkeit.

54.

Ein armer wohlthätiger Mensch kann sich manchmal reich fühlen, ein geiziger Krösus nie.

55.

Der Ruhm der kleinen Leute heißt Erfolg.

56.

Besondere Stände haben sich gebildet, um uns zu vermitteln, was nur durch die unmittelbarste Einwirkung in uns lebendig werden kann.

57.

Der völlig vorurtheilslos ist, muß es auch gegen das Vorurtheil sein.

58.

Die „Vornehmen" — etymologisch Diejenigen, die vor allen Andern nehmen, und zugleich die Bezeichnung für Adelige oder Edle.

59.

Wer hat nicht schon das, was er sich zutraut, für das gehalten, was er vermag?

60.

Ein Held — hochheiliger Ernst der Natur; eine Heldin — Spiel der Natur.

61.

Immer wird die Gleichgültigkeit und die Menschen=
verachtung dem Mitgefühl und der Menschenliebe gegen=
über einen Schein von geistiger Ueberlegenheit annehmen können.

62.

Wir unterschätzen das, was wir haben, und über=
schätzen das, was wir sind.

63.

So Manches können wir Anderen zu Liebe thun,
unsere Schuldigkeit thun wir immer nur uns selbst zu Liebe.

64.

Es giebt eine nähere Verwandtschaft als die zwischen
Mutter und Kind: die zwischen dem Künstler und seinem
Werke.

65.

Die Summe unserer Erkenntnisse besteht aus dem,
was wir gelernt, und aus dem, was wir vergessen haben.

66.

Begeisterung spricht nicht immer für Den, der sie
erweckt, und immer für Den, der sie empfindet.

67.

Die still stehende Uhr, die täglich zwei Mal die
richtige Zeit angezeigt hat, blickt nach Jahren auf eine
lange Reihe von Erfolgen zurück.

68.

Während ein Feuerwerk abgebrannt wird, sieht Niemand nach dem gestirnten Himmel.

69.

Was wir unserem besten Freunde nicht anvertrauen würden, rufen wir ins Publikum.

70.

Auch der ungewöhnlichste Mensch ist gehalten, seine ganz gewöhnliche Schuldigkeit zu thun.

71.

Eine ungeschickte Schmeichelei kann uns tiefer demüthigen als ein wohlbegründeter Tadel.

72.

Der Hans, der etwas erlernte, was Hänschen nicht gelernt, der weiß es gut.

73.

Ein Hauptzweck unserer Selbsterziehung ist: die Eitelkeit in uns zu ertödten, ohne welche wir nie erzogen worden wären.

74.

Das Talent zu herrschen, täuscht oft über den Mangel an anderem Talent.

6*

75.

Die glücklichen Sklaven sind die erbittertsten Feinde der Freiheit.

76.

Was wissen wir nicht alles zur Entschuldigung von Fehlern und Uebelständen vorzubringen, aus denen wir Nutzen ziehen!

77.

Nichts bist Du, nichts ohne die Andern. Der verbissenste Misanthrop braucht die Menschen doch, wenn auch nur, um sie zu verachten.

78.

Kein Todter ist so gut begraben wie eine erloschene Leidenschaft.

79.

Man kann den Leuten aus dem Wege gehen, vor lauter Verachtung oder — vor lauter Respekt.

80.

Die Treue ist etwas so Heiliges, daß sie sogar einem unrechtmäßigen Verhältnisse Weihe verleiht.

81.

An dem Manna der Anerkennung lassen wir es uns nicht genügen, uns verlangt nach dem Gifte der Schmeichelei.

82.

Ueberlege wohl, bevor Du Dich der Einsamkeit er=
giebst, ob Du auch für Dich selbst ein heilsamer Umgang bist.

83.

Wir sind Herr über unsere gerechtfertigten Neigungen
und werden von den ungerechtfertigten am Narrenseil
geführt.

84.

Glaube Deinen Schmeichlern — Du bist verloren;
glaube Deinen Feinden — Du verzweifelst.

85.

Jeder Mensch hat ein Brett vor dem Kopf — es
kommt nur auf die Entfernung an.

86.

Am weitesten in der Rücksichtslosigkeit bringen es die
Menschen, die vom Leben nichts verlangen als ihr Behagen.

87.

Der kleinste Hügel vermag uns die Aussicht auf einen
Chimborazo zu verdecken.

88.

Wir können es im Alter zu nichts Schönerem bringen, als zu einem milden und anspruchslosen Quietismus.

89.

Nichts schwerer als Den gelten laſſen, der uns nicht gelten läßt.

90.

Was Dein Wort zu bedeuten hat, erfährſt Du durch den Widerhall, den es erweckt.

91.

Es ſteht etwas über unſeren ſchaffensfreudigen Gedanken, das feiner und ſchärfer iſt als ſie. Es ſieht ihrem Entſtehen zu, es überwacht, ordnet und zügelt ſie, es mildert ihnen oft die Farben, wenn ſie Bilder weben, und hält ſie am knappſten, wenn ſie Schlüſſe ziehen. Seine Ausbildung hängt von der unſerer edelſten Fähigkeiten ab. Es iſt nicht ſelbſt ſchöpferiſch, aber wo es fehlt, kann nichts Dauerndes entſtehen; es iſt eine moraliſche Kraft, ohne die unſere geiſtige nur Schemen hervorbringt; es iſt das Talent zum Talent, ſein Halt, ſein Auge, ſein Richter, es iſt — das künſtleriſche Gewiſſen.

92.

Die Großmuth ist nicht immer am rechten Platz, der Geiz aber ist immer am unrechten.

———

93.

Auch das kleinste Licht hat sein Atmosphärchen.

———

94.

Wir sträuben uns gegen das Leiden, wer aber möchte nicht gelitten haben?

———

95.

Nenne Dich nicht arm, weil Deine Träume nicht in Erfüllung gegangen sind; wirklich arm ist nur, der nie geträumt hat.

———

96.

So reich unser Leben an wohlausgenützten Gelegen= heiten war, vortrefflichen Menschen nahe zu stehen, so reich ist es überhaupt gewesen.

———

97.

Wie theuer Du eine schöne Illusion auch bezahltest, Du hast doch einen guten Handel gemacht.

———

98.

Wohl finden wir unsere Worte auf den Lippen der Freunde wieder, aber nicht mehr als unser, sondern als ihr Eigenthum.

———

99.

Am Ziele Deiner Wünsche wirst Du jedenfalls Eines vermissen: Dein Wandern zum Ziel.

———

100.

Wir müssen immer lernen, zuletzt auch noch sterben lernen.

———✳———

Parabeln und Märchen.

Die Mußmenschen.

Ein zum Tode verurtheilter Verbrecher entsprang seiner Haft kurz vor dem Tage, an welchem er hingerichtet werden sollte, und gelangte auf der Flucht in ein wildes Bergland, dessen Geklüfte ihm Schutz vor den verfolgenden Häschern bot. Als der Hunger ihn zwang, seinen Schlupfwinkel zu verlassen und einen wirthlicheren Aufenthalt zu suchen, führte ihn sein Weg zu der Hütte eines alten Ziegenhirten, der dem halb Verschmachteten Gastfreundschaft gewährte. Der Alte wurde gesprächig, und erzählte unter Anderem von einem merkwürdigen Lande, in welchem er viele Jahre seines Lebens zugebracht hatte. — In diesem Lande, sagte er, herrsche der Glaube an die Unfreiheit des menschlichen Willens. Dort maße sich Keiner das Recht an, seinen Nächsten zur Verantwortung zu ziehen; Niemand schreibe sich ein Verdienst zu; Niemand zeihe sich einer Schuld; den Begriff von gut und böse gebe es nicht; es gebe kein Thun, sondern nur ein Geschehen; die Handlungen der Menschen werden genau so betrachtet, wie Naturereignisse, als die nothwendigen Folgen unabsehbarer, von Ewigkeit her wirkender Ursachen.

„So giebt es in dem Lande weder Gesetz noch Richter?“ fragte der Verbrecher.

„Weder Gesetz noch Richter,“ antwortete der Hirt.

„Und Mord und Raub, wie werden sie beurtheilt?“

„Nicht anders, als wie man Sturm und Wetterschlag beurtheilt.“

Da hatte der Verbrecher eine große Freude und rief: „Das ist ein Land für mich, in dem hätte ich geboren werden sollen. Dahin will ich gehen.“

Sofort erkundigte er sich nach dem Weg, den er einzuschlagen habe, trat die Wanderung an und erreichte nach vielen Abenteuern und Fährlichkeiten eines schönen Sommermorgens glücklich sein Ziel.

Er betrat ein blühendes, sorgfältig bebautes Land. In der Nähe eines freundlichen Dorfes waren viele Leute mit dem Mähen einer herrlichen Wiese beschäftigt. Die Männer führten die Sense, die Frauen den Rechen, Alle arbeiteten eifrig und mit sichtbarem Vergnügen.

Wie merkwürdig! dachte der Verbrecher, und fragte einen der Mäher: „Freund, warum plagst Du Dich?“

„Weil ich muß,“ antwortete Jener.

„So? und wer zwingt Dich?“

„Wer? Du meinst wohl, was mich zwingt. Mich zwingt das angeerbte Bedürfniß des Fleißes, mich zwingt die Einsicht, daß ich arbeiten muß, da ich leben muß.“

„Habt Ihr denn hier zu Lande keine reichen Leute,

denen Ihr wegnehmen könntet, was Ihr braucht um zu leben, und noch etwas darüber?"

„Da würden wir," erhielt er zur Antwort, „dem Thoren gleichen, der seiner goldene Eier legenden Henne den Hals abschnitt. So unvernünftig müssen nur Halbwilde handeln; wir sind ein uraltes Culturvolk und müssen das Vernünftige thun."

Kaum waren diese Worte gesprochen, als sich plötzlich ein Geschrei erhob, das durchaus nichts Cultivirtes hatte. Eine kleine hübsche Frau war mit ihrem Mann in Streit gerathen und drosch mit den Fäusten, so stark und so schnell sie konnte, auf ihn los. Er wehrte sich nicht.

„Alle Wetter," sagte der Verbrecher, „diese Frau hagelt ja."

„Zu Zeiten. Die Motive, von denen sie veranlaßt wurde, als immerwährender Sonnenschein an unserem Ehehimmel zu prangen, wirken leider noch nicht permanent," entschuldigte der Geprügelte und machte ein sehr trauriges Gesicht, als jetzt ein hochgewachsenes Weib auf die kleine Frau zutrat, ihr trotz ihres Sträubens die Hände auf den Rücken band und sie wegführte.

Der Verbrecher allein hatte diesem Vorgang mit Neugier und Schadenfreude zugesehen; alle Uebrigen schenkten ihm nur geringe und unlustige Aufmerksamkeit.

Die Raststunde war gekommen; die Mäher ließen sich ins Gras nieder und begannen das Mittagessen, das Frauen und Kinder aus dem Dorfe herbeigebracht hatten, gemeinsam zu verzehren. Der Verbrecher setzte sich zu dem betrübten Ehemann, der nicht aufhören konnte, von seiner Gattin zu sprechen.

„Sie hat ihre Mutter früh verloren," erzählte er, „und ist vom Vater aus schwer belastet mit ererbtem moralischen Siechthum. Der Einfluß unserer Schule, dieses herrlichen Gartens, in welchem junge Menschen=blumen unter der Leitung großer Künstler und Denker zur Entfaltung des schönsten Müssens herangebildet wer=den, hat sich als unzureichend zur Besiegung des Uebels meiner armen kleinen Frau erwiesen."

„Deine männliche Oberherrlichkeit desgleichen," spottete der Verbrecher. „O, Du Starker, Du Lang=müthiger! wie geduldig hast Du Dich mißhandeln lassen von einem schwachen Weiblein! Welchen Lohn giebt es bei Euch für solche Tugend?"

„Lohn? Tugend?" erwiderte man ihm; „haben die Bewohner Deines Landes nichts gelernt in der Flucht der Jahrtausende? Klebt man bei Euch noch an so kindischen Begriffen? Wir sind ein uraltes Culturvolk und wissen von ihnen längst nichts mehr."

Diese Entgegnung ergötzte den Verbrecher, und er· sprach nun den Wunsch aus, zu erfahren, wohin die kleine Frau, die so hübsch hageln konnte, geführt, und wer Diejenige gewesen, von der sie abgeholt worden.

„Eine Krankenwärterin," antwortete der Mann, „und sie hat meine Frau ins Spital bringen müssen."

„Ist sie denn krank?"

„Gewiß. Hast Du nicht gesehen, daß sie eine

Krankheit hat, durch die sie gezwungen wird, mich zu schlagen?"

„Krankheit nennt Ihr das?" rief der Verbrecher; „nun, wenn sie eine Krankheit hat, die sie zwingt, zu schlagen, habe ich eine Gesundheit, die mich zwingt, zu essen. So nehm' ich denn ungeladen an Eurem Mahle Theil."

Damit griff er in die Schüsseln, langte nach den Gläsern und aß und trank für Zehn.

Die Mußmenschen schienen erstaunt, ließen ihn jedoch gewähren. Als die Raststunde zu Ende war, gaben sie ihm eine Sense in die Hand und sagten: „Du hast ge= gessen, jetzt arbeite!"

Aber davon wollte er nichts hören. Er behauptete, sich fortwährend ausruhen zu müssen, bis zu dem Augen= blick, in dem eine ihm zusagende Thätigkeit sich ihm er= öffne.

Die Arbeiter gingen wieder an ihre Beschäftigung, er blieb bei den Mädchen und Frauen zurück, die das Ordnen des Eßzeuges besorgten, fing an mit ihnen zu schäfern, machte einem jungen Weibe Liebesanträge und wollte, als dieselben abgewiesen wurden, sofort Gewalt brauchen.

Die Frauen riefen nach Hülfe; einige Männer stürzten herbei und entrissen dem Verbrecher sein Opfer. Da ge= rieth er in Wuth, zog sein Messer und konnte erst nach heftigem Kampfe niedergeworfen und gebändigt werden.

Je wilder er gerast hatte, desto schonender war man

mit ihm umgegangen. Alle bedauerten ihn: „Glücklich, die eines heilsamen Müssens sind," sprachen sie. „Du bist es nicht; Dein Benehmen ist gemeinschädlich und macht Dich reif für das große Spital."

Und wirklich wurde er nicht in das kleine Dorfspital, sondern nach dem Hauptspital in die Stadt gebracht.

Dort übernahm ihn ein Krankenwärter und führte ihn eine breite Treppe empor durch einen langen Gang, auf den viele Thüren mündeten. An jeder Thür hing ein Rähmchen, und in jedem Rähmchen stak ein Recept. Hinter den Thüren hörte man jämmerlich klagen und stöhnen.

Dem Verbrecher wurde unheimlich zu Muthe, und kleinlaut erkundigte er sich, was denn da geschehe?

„Es werden Erinnerungszeichen gepflanzt, lies nur die Recepte."

Und er las: Dreimal täglich fünf Ruthenstreiche. — Allabendlich zwölf Stockprügel. — Vierzehn Tage bei Wasser und Brot   u. s. w.

„Wie nennt Ihr das?" rief er „Erinnerungszeichen pflanzen?   Hol' Euch der Teufel!"

„Ich kenne die Wurzel nicht, aus der ihm ein zu= reichender Grund dazu erwüchse," versetzte der Wärter. „Die Erinnerungszeichen, die hier gepflanzt werden, ver= fehlen ihre Wirkung selten. Sie treiben so zwingende gesunde Motive, daß diese fast regelmäßig genügen, die ungesunden, die etwa in dem Reconvalescenten wieder auf= tauchen möchten, zu überwinden."

„Wenn sie aber nicht genügen?"

„Dann wird die Kur wiederholt, so oft wiederholt, bis der Eintritt der gesunden Motive das Selbstverständliche wird und die ungesunden, immer weiter zurückgedrängten, sich endlich gar nicht mehr melden."

„Wenn sie sich aber durchaus nicht zurückdrängen lassen?"

„Dann geht der Kranke den Weg der Unheilbaren."

„Was ist das für ein Weg?"

„Das ist der Weg zum Richtplatz."

„Pfui!" sagte der Verbrecher, „pfui! einen Richtplatz habt Ihr auch?" Er sprach seinen Abscheu gegen dieses letzte Mittel und gegen die ganze Motiv treibende Behandlung aus; der Wärter jedoch zuckte die Achseln und versetzte:

„Was ist zu thun? Wir Menschen sind einmal angewiesen, in Gesellschaft zu leben, und da wir es sind, müssen wir suchen, dieses Zusammenleben möglichst gedeihlich zu gestalten. Nun hat die Erfahrung uns gelehrt, das geschähe am besten, wenn Frieden, gegenseitige Rücksicht und Hülfbereitschaft unter uns herrschen. So haben wir denn die ganze Kraft unseres Müssens auf die Erfüllung jener Bedingungen der allgemeinen Wohlfahrt gestellt. Giebt sich bei Einzelnen ein ihr widerstrebendes Müssen kund, können wir es nur als ein krankhaftes ansehen, und müssen suchen, es zu kuriren."

„Durch Prügel und Fasten?" rief der Verbrecher.

Der Wärter bemühte sich, ihn zu beruhigen. „Wir

befinden uns in der Abtheilung der Schwerkranken", sprach
er. „So scharfe Mittel wie hier werden nur ausnahms=
weise angewandt. Bei unserer weit vorgeschrittenen Cultur
genügt meistens eine leichte Behandlung zum Aufpflanzen
eines dauernden Erinnerungszeichens und zur Heilung
eines ungesunden Müssens."

„Ach, sprächst Du wahr!" fiel ihm ein Mann ins
Wort, der sich genähert und den letzten Satz seiner Rede
mit angehört hatte. „An mir ist Eure Kunst gescheitert.
Ihr habt mich vor einem Jahre als geheilt von meiner
Hochmuthskrankheit entlassen, und heute schon habe ich
in einem Zeitungsartikel mein eigenes philosophisches
System auf Kosten aller bisher aufgestellten gelobt, und
jene schmählich heruntergemacht. Gebt mir mein Geld
zurück, oder nehmt mich von Neuem in die Kur."

Der Wärter lud ihn ein, ihm ins Ordinationszimmer
zu folgen, wohin er eben einen Fremden, der sehr krank
sei, führen müsse. — Da brach der Verbrecher jedoch in
helle Empörung aus. „Geht ohne mich!" schrie er, „ich
habe des Spaßes genug." Er wandte sich und wollte
entfliehen. Der Wärter lief ihm nach, hielt ihn fest; ein
furchtbares Ringen entstand, und ehe die aus allen Zellen
heraneilenden Kranken es hindern konnten, hatte der Ver=
brecher den Wärter erdrosselt.

Das war die letzte seiner Thaten.

Nachdem die Spittler ihr wärmstes Mitleid mit
seinem hochgefährlichen Zustand geäußert hatten, über=
wältigten sie ihn und schleppten ihn vor die Doctoren.

Einen Augenblick war dem Verbrecher seine Frechheit abhanden gekommen; angesichts der Sanftmuth und Ruhe, mit welcher die Aerzte sich gegen ihn benahmen, kehrte sie wieder zurück, und er beantwortete voll Hohn die an ihn gestellten Fragen.

Die Doctoren erklärten seinen Fall als einen unerhört schweren und dictirten eine allerdings schreckliche Behandlung. Er ließ sie ausreden und schlug dann ein tolles Gelächter auf.

„Ihr habt Euch umsonst bemüht,“ spottete er; „ich lasse mir Eure Behandlung nicht gefallen, weil ich Euren Anordnungen nicht unterstehe, weil ich ein freier Mensch bin.“

Die Doctoren sahen einander erstaunt an: „Ein freier Mensch? was heißt das?“ fragten sie.

„Das heißt, Ihr Automaten, daß Ihr Eure Tractirungen an mir nicht versuchen dürft, weil ich nichts gemein mit Euch habe, weil ich kein Mußmensch bin. Was ich gethan habe, habe ich thun wollen und hätte auch ganz anders handeln können.“

Bei diesen Worten bemächtigte sich der Versammlung ein maßloses Entsetzen.

„Weh über Dich!“ riefen die Doctoren; „Du hättest das Ungesunde und Gemeinschädliche nicht thun müssen, und hast es dennoch gethan? Ungeheuer! scheußliche Ausnahme des allweisen, allherrschenden Gesetzes! Für Dich haben wir keine Behandlung, Du mußt den Weg der Unheilbaren gehen.“

Der Verbrecher gerieth außer sich, als dieses Verdict über ihn gefällt wurde. „Da bin ich schön angekommen", sprach er. „Vermaledeites Mußpack! Thut man bei Euch, was man muß, wird man geprügelt; thut man, was man will, wird man gerichtet."

Noch vor dem Blocke schimpfte er fort.

„Hochmüthige Culturaffen, Ihr seid ebenso dumm, wie bei uns die Leute sind. Euer Müssen und unser Wollen, Eure Receptschreiber und unsere Richter, es kommt auf eins heraus."

„Ja," erwiderte der Henker, „es kommt eigentlich auf eins heraus," und waltete seines Amtes.

— —

Ein Vergleich.

Der Maulwurfshügel sprach zum Vulkan: „Du Weichling! Was tobst Du und machst die Welt zum Zeugen Deiner inneren Kämpfe? Auch ich habe die meinen, — wer aber hat mich jemals Feuer speien sehen?"

Zwei Gräber.

In ein Massengrab, das eben geschlossen werden sollte, wurde ganz zuletzt noch ein schmales Särglein gesenkt, und Leute, die der Arbeit zusahen, fragten: „Wer war der, der so wenig Platz beansprucht in der Mutter Erde?"

„Ja," antwortete ein Handlanger, „das war der Zeisi. Taglöhner seines Zeichens, haben ihn aber nirgends behalten. Ist dann herumgezogen mit der Guitarre und hat in den Höfen der Häuser gesungen, um ein Stück Brot, um ein Paar Stiefel, sehr oft umsonst."

Wie der Mann so erzählte, trat eine verhüllte Gestalt heran, warf Blumen auf den schmalen Sarg und blickte lange wehmüthig zu ihm nieder.

In ehrfurchtsvoller Scheu wichen die Anderen zurück; ein überirdisches Wesen erschien sie ihnen; Niemand wagte sie anzureden. Sie selbst aber sprach: „Hier ward ein Poet begraben."

Eine Stunde später kam, von einer unabsehbaren Menge begleitet, ein prachtvoller Leichenzug auf dem

Friedhofe an. Der kostbare Sarg, ganz bedeckt mit Lorbeerkränzen, barg einen gefeierten Schriftsteller. Er wurde in die Gruft gesenkt, und der berühmteste Redner der Stadt weihte dem Dahingeschiedenen einen Nachruf voll dithyrambischen Schwunges.

Plötzlich hielt er inne   Er hatte die Herrliche erblickt, die noch immer an der Ruhestätte der Armen stand.

„Gebt Raum," rief er ins Gedränge. „Die hohe Göttin, deren Gunst unsern großen Todten beglückte, naht heran, mit uns um ihn zu trauern. Gebt Raum der hohen Göttin!"

Die Anwesenden gehorchten, und sofort öffnete sich für die nächste, die edelste Leidtragende ein Weg zur Gruft.

Sie betrat ihn nicht — sie schüttelte das Haupt; über ihr schimmerndes Antlitz flog ein Lächeln himm= lischer Verachtung, und sie sprach: „Der Todte war mir fremd; Ihr habt einen Taglöhner begraben."

Prometheus.

Als Prometheus nach langer Qual entfesselt vor den
Beherrscher der Welten trat, nahm dieser ihn gnädig
auf und hieß ihn fortan mit den Göttern hausen. Weil
aber der Eid, den Zeus einst geschworen: Ewig solle der
Titane an den Kaukasus geschmiedet bleiben, nicht gebrochen werden durfte, mußte Prometheus einen Finger-
reif tragen, in welchem ein Steinchen aus dem Felsen
gefaßt war, an dem er sein Märtyrerthum erduldet
hatte.

Lächelnd nahm er die leichte Bürde hin, — kein
Leiden mehr, nur noch des Leidens Symbol. Aber
schwerer von Tag zu Tag wurde die anfangs kaum spür-
bare Last, und drückte endlich so schwer, wie Vulkans
eherne Spangen gethan.

Prometheus saß im Rathe der Götter, und sie
lauschten den Sprüchen der Weisheit, die von seinen
Lippen kamen. Ehrfurcht und Liebe umgaben ihn: mit
den Unsterblichen wohnte er im Reiche der Freiheit, des
Lichtes, der Schönheit. Aber ein Blick auf den Ring
an seiner Hand, und wieder lag er an den Felsen ge-

schmiedet, und über seinem Haupte rauschte ein grauser Flügelschlag, und er fühlte den Griff der Geierklauen und das grausame Hacken des Geierschnabels in seinem Fleische.

Und aufschrie der Titane zum Weltenbeherrscher „Ohnmächtiger Gott, der nur begnadigen und nicht ent= sühnen kann! Die Erinnerung an meine Schmach und Buße spottet Deiner Huld!"

Eine Begegnung.

Der Hochmuth ging eines schönen Tages spazieren. Er trug eine Krone aus Seifenblasen auf dem Kopf, und sie schillerten bunt und prächtig im Sonnenschein. An seinem purpurfarbigen Gewand hingen zahllose vergoldete Glaskugeln; die Plattfüße hatte er in Schuhe mit ungeheuren Hacken gesteckt und schritt auf ihnen so majestätisch einher, wie ein hölzerner König in der Puppenkomödie. Sein breites Gesicht strahlte von Selbstzufriedenheit, seine rothen, fingerdicken Lippen waren verächtlich verzogen; aus halbgeschlossenen Lidern blickte er um sich, als ob nichts da wäre, der Mühe werth, ihm einen ganzen Blick zu gönnen.

Da kam ein Wesen ihm entgegen, bei dessen Erscheinen er stutzte. Ein Wesen von schlichtem Aussehen; bescheiden sein Gang, seine Haltung, seine Gebärde; schön sein Angesicht, auf dem ein edler Ernst und tiefinnerlichster Frieden sich malten.

„Weiche mir aus!" rief der Hochmuth ihm zu.

„Gern," erwiderte der Andere lächelnd, und gab Raum.

Dennoch fühlte der Hochmuth sich verletzt: „Du lächelst? wie darfst Du es wagen, zu lächeln in meiner Gegenwart?" schnaubte er und warf sich wüthend auf den Beleidiger.

Dieser wehrte ihn nicht ab, regte sich nicht einmal, stand nur ruhig und fest. Der Hochmuth aber stürzte zur Erde, und alle seine Seifenblasen zerplatzten; und alle seine Glaskugeln lagen in Scherben — er war an das Verdienst angerannt.

Die Fremde.

Durch die Straßen einer großen Stadt wallte eine majestätische, dicht verhüllte Gestalt. Sie war zum ersten Male zur Erde gekommen, sah zum ersten Male eine Ansiedlung der Menschen und irrte planlos auf der unbekannten Stätte umher. Plötzlich machte sie Halt vor einem Palaste, über dessen mächtigem Portal eine marmorne Statue sich erhob. Das Bildwerk stellte eine Frau in griechischer Gewandung vor. Ihre Augen waren verbunden, in der Rechten hielt sie eine Wage. Eine Inschrift auf dem Sockel der Statue hatte die Aufmerksamkeit der Fremden erweckt. Sie sah abwechselnd deren goldene Lettern und das steinerne Gebilde an, und je länger sie es that, je mehr wuchs ihr Staunen.

Ein Mann, der athemlos daher gerannt kam, riß sie aus ihren Betrachtungen. Es war ein Beamter, der sich verspätet hatte, und der nun die Stufen zum Palaste schleunigst hinaneilen wollte.

Die Fremde hielt ihn zurück. „Wessen Bildniß ist dieses?" fragte sie und deutete nach der Statue auf dem Portal.

Den Beamten durchfröstelte es. Die Stimme, mit welcher die Verhüllte gesprochen, klang unsagbar hart und schauerlich und war mit keiner Stimme zu vergleichen, die jemals an sein Ohr getönt hatte. Er vergaß die vorgerückte Stunde; seine Angst vor der Strenge seines Hofraths war verschwunden. Stehenbleibend starrte er die Geheimnißvolle an und antwortete: „Es ist das Bildniß der Gerechtigkeit."

Ein Lachen erscholl, das ihm das Blut in den Adern gefrieren machte; doch fuhr er fort: „Unter ihrem Zeichen wird hier gewaltet."

„Von wem? — Wohnen Götter in diesem Hause?"

Der Beamte dachte an seine Vorgesetzten und an seine Collegen, und mußte lächeln: „Nur Menschen," erwiderte er.

„Wie?" rief die Fremde, „Menschen walten im Namen Einer, die auf Erden nie war und nie sein wird? Menschen, blinde, irrende, üben das Amt der Allsehenden und Unfehlbaren?"

Wieder erklang das gräßliche Lachen. Durch den Schleier der Verhüllten hindurch drang der Strahl eines Feuerauges, vor dem der arme Beamte wie vom Blitz getroffen niederstürzte.

Als er zur Besinnung kam, war die Erscheinung verschwunden, und ein Wunder war geschehen. Die Statue über dem Portal hatte ihre Form verändert. Sie stellte nicht mehr die Gerechtigkeit dar; aber was denn?

— Die Beamten zerbrachen sich vergeblich die Köpfe darüber. Endlich wurden Gelehrte befragt. Sie hielten eine lange Berathung und erklärten sodann einstimmig, die Statue sei nichts anderes als eine symbolische Darstellung der Nothwehr, umgeben mit einer wunderlichen Mischung von Emblemen der Grausamkeit und der Barmherzigkeit.

Das Blatt.

Vom Winde getrieben flog ein welkes Blatt neben einem Vogel durch die Luft.

„Sieh," raschelte es triumphirend, „ich kann fliegen wie Du."

„Wenn Du fliegen kannst, so mache mir das nach!" antwortete der Vogel, wandte sich und steuerte mit kräftigem Flügel gegen den Wind.

Das Blatt aber wirbelte ohnmächtig dahin, bis sein Träger plötzlich den Athem anhielt und es in ein Bächlein fallen ließ, das klar und munter durch den Wiesengrund jagte. Nun segelte das Blatt auf den Wellen und gluckste den Fischen zu: „Seht mich an, ich kann schwimmen, wie Ihr!"

Die stummen Fische widersprachen ihm nicht; da blähte es sich auf und meinte: „Das sind anständige Creaturen, die lassen einen doch gelten!"

Weiter glitt es, und merkte nicht, wie es dabei aufquoll und schon faul war durch und durch.

———

Die Siegerin.

Es kam einst zu einem ungeheuern, einem echten Titanenkampf. Alle Tugenden und alle Laster rangen mit einander auf Leben und Tod. Furchtbare Wunden klafften, in Strömen floß das Blut. Hinterlist und Tücke hatten die Gerechtigkeit überwältigt und ihr den Arm gelähmt. Zerfleischt von den Zähnen und Klauen des Hasses und der Eifersucht erstarb die Liebe; die Groß= muth röchelte unter den würgenden Händen der Hab= gier. Vielen Tugenden erging es schlecht an dem Tage, aber auch viele Laster meinten den Rest bekommen zu haben.

In der ganzen großen Heerschar blieb nur Eine unversehrt; es war eine der Tugenden; es war die Güte.

Mit Steinen beworfen, von den Pfeilen des Un= danks durchbohrt, hundert Mal niedergezwungen, erhob sie sich immer wieder unverwundbar, unüberwindlich, und trat von Neuem in den wüthenden Kampf.

Es wurde Abend und Nacht; der Streit blieb un=
entschieden, die Streiter lagen erschöpft. Die Güte allein
wandelte über die Wahlstatt, munter wie ein sprudeluder
Quell, lieblich wie das Morgenroth, und labte die Leiden=
den, und in dem Augenblick ließen sogar ihre Feinde es
gelten: Die Stärkste bist Du!

———

Verlorene Zuversicht.

Vor Jahren lebte in einer großen Handelsstadt ein Mann, dem alles, was er unternahm, gelang, den niemals ein Mißgeschick traf, der von Jugend an bis ins reife Alter nur Freude und Erfolg erlebte und nur Dankbarkeit und Treue erfuhr. Plötzlich verwandelte sich sein Loos; er sank ins Elend; er lernte den Undank und die Bosheit kennen, und allem, was er liebte, drohte Gefahr. Eben so rasch jedoch, als es sich von ihm gekehrt, kam das Glück ihm zurück, ersetzte ihm zehnfach, was er verloren hatte, überschüttete ihn und Die, die ihm theuer waren, von Neuem mit seinen reichsten Gaben.

„Nun," fragte Jemand, „bist Du zufrieden? Du hast es wieder, Dein Glück."

„Ach," antwortete er, „wo ist meine Zuversicht! Ich habe ein Glück wieder, das mich schon einmal verlassen hat."

———

Am Ziel.

Es war einmal ein reicher Mann, der am Wohl=
thun eine so große Freude fand, daß er ihretwegen jede
andere Freude, ja sogar jedes eigene Behagen aufgab.
Er wohnte in einer Dachstube, nährte und kleidete sich
ärmlich, und galt in Folge dessen bei allen seinen Be=
kannten für einen abscheulichen Geizhals. Obwohl er
das wußte, brachte er es doch nicht über sich, irgend
Jemandem einen Einblick in seine Vermögensverwaltung
zu gestatten. Sich selbst gab er von derselben genaue
Rechenschaft in einem Buche, das er sorgfältig führte,
und das er Denen zu hinterlassen gedachte, deren Tadel
ihn am meisten verdrossen hatte.

Er wurde alt, und am Ende seiner Tage und seines
Reichthums angelangt, blieb das Buch sein Glück, seine
Erquickung. Wenn er darin las, stiegen beseligende Er=
innerungen vor ihm empor; er sah Verzweifelte wieder
hoffen, sah gebrochene Menschen sich aufrichten an seiner
Hand. Und die todten Buchstaben belebten sich, und aus
den stummen Blättern klang es wie leises Jauchzen heraus,
wie hold geflüsterter Segen.

Die Sterbestunde des Greises kam; zum letzten Male

griff er nach seinem Buch und dachte: ich gehe, aber du bleibst und wirst von mir erzählen. —

Da durchblitzte ihn plötzlich die Frage: und was? — daß mir unrecht geschehen. den Einen gleichgültig, den Andern ein ewiger Stachel? Wem zum Nutzen? Keinem. Nur mir zum Nachruhm . . .

Beschämt senkte er sein Haupt. Angesichts der großen Stunde, wie klein erschien ihm, womit er sich vertröstet hatte, viele Jahre hindurch! Wie klein, wie eitel!

Und nun verbrannte er das Buch und freute sich, daß seine erlahmenden Hände noch die Kraft dazu fanden; und mit den verglimmenden Blättern zugleich erloschen seine Augen.

Eine dumme Geschichte.

I.

Vor langer Zeit lebte in einem deutschen Gau ein gewaltiger Ritter. Er hatte eine herrliche Burg; er hatte kühne und wehrhafte Knechte; er hatte weite Ländereien, die er alle selbst erobert, und große Reichthümer, die er alle selbst zusammengeraubt. Er hatte auch eine schöne und tugendsame Frau. Sie hieß Dina, die Erhabene, hätte aber eigentlich die Demüthige heißen sollen. Still und fleißig waltete sie tagsüber am Herd und am Webstuhl, und wenn der Abend einbrach, stieg sie zum Söller empor und lugte aus nach ihrem reisigen Herrn.

Sobald sie ihn erblickte, ließ sie ihr goldgesticktes Taschen=Fähnlein wehen und eilte ihm entgegen in den Burghof. Dann geleiteten sie und ihr Page den Ritter in sein Gemach, wo er sich auf das mit einem Bärenfell bedeckte Lager warf, seinem holden Weibe die Beine entgegenstreckte und sprach: „Stiefel!"

Und sie nahte in liebevoller Dienstbeflissenheit und zog ihrem Gemahl die, je nach der Jahreszeit, mit Staub, Koth oder Schnee bedeckten Stiefel aus.

Müßig (bis auf einiges Zähneknirschen) stand der Page, ein Jüngling, voll zarter Empfindung daneben und dachte: deß sollte sie sich doch nicht unterwinden, trotz aller Weibesgüte und Tugend, deß doch nicht! Und mehrmals, hingerissen von seinen Gefühlen, wagte er's und erhob seine Stimme zu wohlgesetzter Rede:

„Ueberlasse mir, o Herrin, hochgemuthe, des Stiefel-Ausziehens unrühmlich Bemühen.“

Aber sein Flehen verhallte unbeachtet, und was er darüber empfand, war ein tiefer Gram. Seine Heiterkeit verschwand; er wandelte dahin, wie er nie geahnt hatte, daß man wandeln könne — in Gedanken.

Und sein Sinnen war kein todtes, vielmehr ein mit reichen Keimen belebtes, die nach Entfaltung rangen, wuchsen und endlich aus ihrem Schattenreiche hinaus in die wirkliche Welt gelangten, als die gereifte Frucht eines erfinderischen Geistes, als ein Werk!

Man hatte ihn gesehen, kleine Klötze zuhauen und in den sogenannten Pagenthurm hinauftragen, und hatte ihn die Nächte hindurch bis zum frühen Morgen sägen, hobeln, raspeln gehört. Sein Thun blieb ein geheimnißvolles; er verweigerte jegliche Auskunft darüber, wurde sehr mager, und aus seinen Augen leuchtete jene Seligkeit, die durch das Bewußtsein eines von Erfolg gekrönten Strebens hervorgerufen wird.

Ein schöner Sommertag ging zur Rüste; schon brach der Abend herein, als Hörnerklang ertönte; der Herr an der Spitze seiner Mannen kehrte heim. Er hatte sich erkältet, war ganz heiser und sprach, vom Pferde springend, zu der ihm Willkomm bietenden Gattin: „Würzwein!"

Sie eilte, das Verlangte zu bereiten; er, von dem Pagen allein gefolgt, ging auf sein Zimmer. Als er sich dem Lager näherte, fiel ihm ein seltsames Ding auf, das davor stand. Wie eine kleine Bucht zwischen vorgestreckten Landzungen war es gestaltet und ruhte schräg, aber fest, auf kurzen Füßen.

„Wer hat mir das gebracht, was ist das?" fragte er.

„Ich habe es gebracht und gemacht," erwiderte der Page, und seine Wangen erglühten in freudigem Schöpferstolz: „O Herr, es ist ein Stiefelknecht."

Er unterwies den Ritter im Gebrauche des neuen Hausgeräthes, und der Ritter freute sich sehr darüber und zog zum puren Vergnügen die Stiefel gleich zwei Mal nach einander aus und an.

Er war eben im Begriff, die Vortrefflichkeit der Erfindung zum dritten Male zu erproben, als seine Hausfrau eintrat, den Würzwein in goldenem Becher auf silberner Platte tragend. Beinahe wäre ihr beides entsunken.

„Was thut mein Herr?" fragte sie, und ihre schönen Augen füllten sich mit Thränen. „Sind meine Dienste meinem Herrn entbehrlich geworden? Vermag ein Stück Holz mich bei meinem Herrn zu ersetzen?"

Der Ritter entgegnete: „Nicht alleweil, nur in dem einen Fall."

Aber dieser Trost tröstete sie keineswegs. „Wer hat die frevelige Erfindung ausgeheckt, die mich in irgend einem Falle meinem Herrn entbehrlich macht?" forschte sie mit Bangen.

„Der treueste Diener Dein, — ich!" stammelte der Page und warf sich ihr zu Füßen. Er bat um Gnade und Verzeihung und betheuerte die Lauterkeit seiner Absicht. Habe sie ihren Zweck verfehlt, so trage daran einzig und allein der Begriff schuld, den er von Frauenwürde hege.

Half alles nichts. Die Herrin blieb dabei, er habe sie um die Ausübung eines ihr werthen Rechtes betrügen wollen, und befahl ihm, das Werkzeug, welches argliftig dazu hatte dienen sollen, ins Feuer zu werfen.

Dieser Befehl war von einem Blick begleitet, der dem armen Jüngling das Herz zerschnitt und ihm verkündete, daß er die Huld seiner Herrin unwiederbringlich verloren hatte. Der bittere Schmerz, von dem nur die grausam Verkannten wissen, ergriff ihn, zugleich aber auch eine mächtige Liebe für sein Werk. Er trug es empor in seine Thurmkammer, schrieb dem guten Stiefelknecht eine genaue Gebrauchs-Anweisung auf den Rücken und verbarg ihn in einer Vertiefung der Mauer, die er mit Steinen verlegte. Dann weihte er ihn tiefbewegt dem Verständniß kommender Geschlechter und entfloh beim ersten Morgengrauen.

Nie wieder hat man von ihm gehört; er ist vergessen und verschollen, ein Märtyrer seiner Erfindung.

II.

Hundert Jahre später hauste der Ururenkel des gewaltigen Ritters auf der Burg. Er war ein friedfertiger Herr, der sich der Gelehrsamkeit befliß, und besaß eine kleine lebhafte Frau und zwei schöne Kinder. Die spielten dereinst Verstecken im halb verfallenen Pagenthurm, fanden dort im Schutte den Stiefelknecht und brachten ihn ihrer Mutter.

Die kleine Frau wunderte sich über das seltsame Ding, und da sie vor lauter Neugier lesen gelernt hatte, machte sie sich gleich daran, die Schriftzüge, mit denen es bedeckt war, zu entziffern. Dabei wurde ihr Gesicht immer freundlicher; plötzlich lachte sie laut auf, und ihre Kinder lachten mit; sie hüpfte und tanzte mit dem Stiefelknecht im Zimmer herum, und die Kinder tanzten und sprangen wie Böcklein und jubelten über den Jubel ihrer Mutter.

Der Freudentaumel hatte seinen höchsten Grad erreicht, da kam der Herr Vater von der Gesundheits-Promenade, die er täglich zu unternehmen pflegte, nach Hause. Er steckte den Kopf zur Thür herein und sagte:

„Unziemlich ist es zu jubeln und zu tanzen am Wochentage. Weichet hinweg zur Schulstube, ihr Kinder, und Du, Thusnelda, Geliebte, zieh' mir die Stiefel aus."

„Schwerlich, schwerlich", sprach die kleine Frau und machte dazu einen complicirten mittelalterlichen Knix,

„für die Stiefel meines Herrn hat sich ein Knecht ge=
funden, die Magd kündigt den Dienst," und sie stellte
den Stiefelknecht dem Gatten vor die Füße.

„Thuschen, wonnevolle," war Alles, was er im ersten
Augenblick hervorbrachte.

Er mußte sich auf einen Sessel niederlassen, denn
ihm schwindelte.

Vor seinem ahnungsvollen Geiste stieg ein neues
Capitel der damals noch völlig unbekannten Cultur=
geschichte auf. Er sah alle Frauen dem Beispiel der
seinen folgen, und alle Männer darauf angewiesen, sich
ihrer Stiefel von einem fühllosen Instrumente entledigen
zu lassen statt von liebender Hand.

„Mein armer Sproß," sprach er nach einer langen
Pause und legte die Rechte auf seines siebenjährigen
Söhnleins Haupt. „Die gefüge Magd kündigt den
Dienst. Haft Du's gehört und wird Dir schlimm wie
mir? Unfroher Zukunft reift mein Sproß entgegen;
verschoben zwischen Mann und Frau ist das Verhältniß."

„Nur ein wenig zurechtgerückt," versetzte Thusnelda
und streichelte ihres Töchterchens Locken.

„Mich jammert Deines Irrwahns," klagte der Gatte;
„hinweggetilgt mit der minniglichen Frauen Demuth
wird des Hauses Eintracht sein."

„Ja, ja," erwiderte sie, „die Eintracht zwischen
Unterwürfigkeit und Gewalthaberei wird wohl hinweg=
getilgt sein."

Er sah sie mit großen, runden, bestürzten Augen an.

„Sollen wir hinkünftig auch die Kindlein in die Welt setzen und ihrer warten?" fragte er.

Die Frau schlug die Hände zusammen: „Gott steh' mir bei! von den Lippen meines Hochgelahrten entfleucht Unsinn."

Und er wurde böse und sprach: „Wer hat Dir solche Rede zu mir erlaubet? Meine Zornwuth weckst Du. Törichte Weiber! Preis zu erjagen gedenket Ihr, und werdet sinken im Preise und sitzen bleiben Alle! Kein mannlicher Mann wird werben um ein Gespons, das sein nicht magdlich pflegen will. Unweise und unter=geordnet in allen Stücken dem Manne seid Ihr Weiber. Was an Euch ehren soll er, wenn nicht die Ehre, so Ihr ihm bietet; was lieben an Euch, wenn nicht die Liebe, so Ihr zu ihm traget?

Er wollte noch weiter reden, aber Thusnelda unter=brach ihn durch ein lautes Gelächter. „Schön Dank für dieses Geständniß, o Du mein trauter, aufrichtiger Geselle!" sagte sie und schlang ihre Arme um seinen Hals.

Die Ehegatten umarmten einander, während ihre Kinder sich in der entgegengesetzten Ecke des Gemaches prügelten, weil das Bübchen gesagt hatte, es werde nie eine Frau nehmen, die sich weigere, ihm die Stiefel aus=zuziehen, und das Schwesterchen ihm dafür eine Ohrfeige versetzt hatte.

„Laßt ab vom Kampfe, Ihr Kinder," befahl der Vater. „Vernunft angenommen hat die reine Süße, Eure Mutter."

„O weh!" jammerte sie, ihr hübsches Köpfchen zur Achsel neigend. „Wie thut das Herz mir weh, daß ich eine Frau nur bin, und demnach unweise, demnach unfähig, Vernunft anzunehmen. So hat mein gelahrter Herr gesagt, und seinem Worte darf ich nicht zuwider handeln."

„Nicht zuwider handeln," murmelte der Gatte und versank in tiefes Sinnen. „O liebe Frau, die Folgen sind unabsehbar," sprach er endlich, seufzte und — bediente sich des Stiefelknechts.

Der junge Fürst.

Ein junger Fürst, der Liebling vieler Götter, über=
nahm, nach Jahren der Vorbereitung zu dem wichtigen
Amte, die Regierung seines Reiches.

Von den Göttern geladen, fanden viele herrliche
Gäste sich bei der Krönungsfeier ein, nur eine der Gerufenen
blieb aus — die alte, gute Mutter Erfahrung. Sie be=
hauptete, erst später kommen zu können.

Nachdem die Festlichkeiten vorüber waren, versprachen
die Götter dem Fürsten noch die Gewährung der drei
ersten Wünsche, die er zu ihnen emporsenden werde, und
nahmen Abschied von ihm.

Er aber, wohl erkennend, worin seine Aufgabe be=
stand, ging freudig an ihre Erfüllung. Besser wollte
er die Menschen machen und dadurch glücklicher. Zur
Liebe wollte er sie erziehen, zum Mitleid; er wollte
in jedem Einzelnen einen Feuereifer, für fremdes Wohl,
eine freudige Achtung für fremdes Verdienst erwecken.
Ein edles Beispiel alles Vortrefflichen leuchtete er seinem
Volke voran und suchte es zu bewegen, ihm nachzufolgen.
— Umsonst! Außer der kleinen Schar, die ihn von allem
Anfang an begleitet hatte, schlug Niemand seine Pfade ein.

Nach einem Jahr nutzlosen Strebens rief er zu den Göttern:

„Unüberwindlich böse Mächte vergiften mir mein Volk und lassen es nicht genesen von Unrecht und Leid. Nehmt die unheilbare Krankheit hinweg, die an ihm zehrt. Nehmt die unverbesserlichen hinweg, nehmt Jeden, der keiner einzigen guten Regung fähig, Jeden, dessen Dasein nur Unheil und Uebel für seinen Nebenmenschen ist."

Kaum hatte er diese Worte gesprochen, als er sie bereute, meinend ein Todesurtheil über viele Hunderte gefällt zu haben. Er lag bis zum Morgen auf den Knieen und weinte vor den Bildern seiner Götter. Dann begab er sich auf die Reise und fragte angstvoll in den Städten und Dörfern umher: „Sind heute Nacht viele Leute gestorben?"

Und allenthalben hieß es: „Nicht mehr als gewöhnlich," und er wußte nicht, was er davon denken sollte.

Erst bei der Heimkehr in seinen Palast wurde er mit der Nachricht empfangen, daß einer seiner vertrautesten Räthe plötzlich dahingeschieden sei.

Zwei Jahre verflossen; so fern wie je stand der König von seinen Zielen.

Und abermals betete er zu den Göttern:

„Ich seh' es ein, nicht an den ganz Verderbten scheitert der Fortschritt im Guten, dazu giebt es ihrer zu wenige. Seine wahrhaft unüberwindlichen Feinde sind die Lauen, die Gleichgültigen, die Selbstsüchtigen, diese tilgt hinweg, ihr Allmächtigen!"

Am nächsten Morgen begab er sich wieder auf die Reise und nahm seinen jüngeren Bruder mit, der ihm das Theuerste auf Erden war.

Das goldgeschirrte königliche Gespann flog schimmernd durch die Gefilde des reichsten und schönsten Landes, und auf allen Wegen und Straßen kamen lange Leichenzüge ihm entgegen und alle Todtenglocken schallten, und kein Kirchhof, noch so groß, war groß genug, um alle Särge zu fassen, die ihm zugeführt wurden.

Wo der König sich zeigte, allerorten rief man ihm entgegen:

„O Herr, Dein Reich ist entvölkert!"

„Es ist gereinigt!" dachte er, „das Unkraut ist ausgerottet, nun sollen goldene Saaten reifen   ."

„Eines nur noch, das letzte, gewährt mir, Ihr Götter! Gleichen Sinnes mit mir laßt die Ueberlebenden sein, ein Streben beseele sie und mich   Hab' ich noch einen Widersacher unter ihnen, giebt es einen, der mir je den Tod gewünscht hat — er sterbe!"

Laut sprach's der König, und wie vom Blitze des Himmels getroffen, stürzte der blühende Jüngling an seiner Seite zusammen. Ein gräßlicher Schrei ertönte: „Du? — mein Bruder — Du?"

Der Wagenlenker wandte sich entsetzt — Wahnsinn dräute ihm entgegen aus dem Antlitz seines Herrn, und wahnsinnig war, was sein Herr beging. Die Zügel riß er an sich und schleuderte sie über die feurigen, mühsam nur gebändigten Rosse hin und rief: „Lenkt ihr! lenkt Euch selbst und mich!"

„Ins Verderben!" jammerte sein Diener in bleicher Todesangst, und den König ergriff ein Erbarmen, er hob den Zitternden empor und warf ihn hinaus aus dem Gefährt, ins hohe Wiesengras.

Er selbst jedoch, der Willkür der jagenden Rosse überlassen, stürmte dahin mit fliegenden Locken, den Fuß auf die Leiche des Bruders gesetzt. Stürmte vorbei an den Wohnungen der Menschen, über rasselnde Brücken, über Niederungen und Höhen, durch wogende Felder, durch die schweigende Oede. Endlich sausten die Rosse einen jähen breiten Waldweg hinab und brachen in der Tiefe nieder, ein wilder, lebendiger Knäuel. Neben ihnen, besinnungslos, lag der König.

Als er zum Bewußtsein erwachte, war es Nacht, der Mond schien hell und leuchtend in den Thalkessel hinein. Im Scheine seines weißen Lichtes entwirrte der König die Zügel und Stränge, in denen die Pferde sich ver= wickelt hatten, half ihnen auf und gab ihnen die Freiheit. Dann begrub er seinen Bruder unter den hohen Bäumen und wanderte fort; wanderte bei Nacht, verbarg sich bei Tag und gelangte bis an die äußerste Grenze seines Landes. In einem Dorfe tauschte er seine Kleider mit denen eines Hirten und lebte jahrelang unerkannt bald da, bald dort, pflegte die Kranken, betreute die Greise und die Kinder und wunderte sich, wenn er bei diesen Kindern Fehler wiederfand, die er meinte aus der Welt geschafft zu haben. Und er verwies sie ihnen theils mit Strenge, theils mit Sanftmuth und stand ihnen liebreich bei im Kampfe menschlicher Schwäche mit menschlichem Vervollkommnungstrieb.

Er war ein reifer Mann geworden und ruhte eines Abends nach angestrengtem Tagewerk vor der Hütte, die er bewohnte, aus. Da näherte sich ihm ein Weib, steinalt, aber rüstig, mit ernsten, klaren Augen, und wollte bei ihm bleiben und ihm dienen.

Und er, statt ihr zu danken, sprach vorwurfsvoll:

„Erfahrung, verläßlichste, unentbehrlichste Führerin, warum hast Du Dich fern von mir gehalten in den Tagen meiner Macht? — jetzt kommst Du zu spät!"

Seufzend antwortete die alte Mutter:

„Das ist mein schweres, mein gewohntes Loos."

———

Kosmogonie.

I.

Im Urwalde tief verborgen befand sich ein groß=
artiger Ameisenbau. Das Völkchen, das ihn bewohnte,
war fleißig und weise; es hatte sich im Laufe der Jahr=
hunderte eine vortreffliche Verfassung und ebensolche Gesetze
gegeben. Die Wissenschaften wurden in Ehren ge=
halten, die Künste gepflegt; so blühten sie denn auch
und trieben reiche Früchte. Fortwährend entdeckten die
Gelehrten ewige Wahrheiten, und die Künstler hörten
nicht auf, unsterbliche Werke zu schaffen. „Eine Civili=
sation wie die unsere," sagten die Ameisen, „kann nicht
mehr untergehen. Künftige Geschlechter werden das Erbe
antreten, es vermehren und in unaufhaltsamem Fortschritt
zu einer Vollendung gelangen, von der sogar das ameis=
liche Ahnungsvermögen sich keinen Begriff machen kann."

In diesem Hochgefühle schwelgte die Nation, und
es begeisterte sie zu immer neuen und edleren Be=
strebungen.

Da ereignete es sich, daß eines Tages ein Löwe des
Weges kam. Er bemerkte den Ameisenbau nicht und
schritt gemächlich mit breiten Tatzen über ihn hinweg.

Dabei wedelte er mit dem Schwanze, denn ihm war heiß, und wedelte den ganzen Bau sammt seiner Cultur und den ewigen Wahrheiten und den unsterblichen Kunstwerken so gründlich fort, daß keine Spur von ihnen übrig blieb.

II.

„Schau'," sagte ein Kolibri zu seinem Weibchen, das neben ihm auf einer Lianenblüthe saß, „da hat ein großer Erdentreter eine Menge kleiner Erdentreter vernichtet."

Das Weibchen zwitscherte: „Schade! Diese kleinen Klümpchen sind so nett hin und her gerollt um ihren großen Klumpen; es schien fast, als ob sie es wären, die ihn wachsen machten. Ich habe mich manchmal gefragt," setzte sie nach einer Pause hinzu und bemühte sich, geistreich auszusehen, „ob sie sich nicht am Ende doch absichtlich bewegen und einen Willen und sogar einen Ansatz von Seele haben."

„Gerade soviel als die Blätter der Bäume. Die rühren sich auch zeitweise; sind deshalb sie die Ursache seines Wachsthums?" spöttelte das Männchen. „Nein, geliebte Einfalt, schreibe ihnen nicht zu, was das alleinige Erbtheil der ersten unter den geflügelten Lebewesen ist — der Vögel, und ganz besonders der Kolibri, weil sie die Feinsten, die Schönsten sind, und weil die Geschwindigkeit ihres Fluges mit der Geschwindigkeit des Schalles wetteifern kann. Für uns scheint die Sonne, für uns bringt die Scholle, das Wasser, die Luft Nahrung

in tausendfältiger Gestalt hervor. Wir sind der Mittel=
punkt alles Seienden, vollendete Vögel, angefangene Engel;
denn als solche schweben die seligen Geister unserer Vor=
fahren um das Nest des höchsten Engels, nach dessen
Vorbild wir geschaffen sind, der Himmel und Erde und
das Schicksal jedes einzelnen Kolibris in seinen mächtigen
Fängen hält.

Das Weibchen verstand ihn zwar nicht, bewunderte
ihn aber doch sehr, beeilte sich auch, ihm Recht zu geben,
denn sie befanden sich noch in den Flitterwochen.

Brautwahl.

I.

Es war einmal ein Märchenprinz, der edelste, schönste, liebenswertheste von allen, die es je gegeben hat. Als er sechsundzwanzig Jahre alt geworden, ließ die Königin, seine Mutter, ihn rufen und sprach zu ihm:

„Die Zeit ist gekommen, in welcher Du eine Lebensgefährtin wählen und einen Hausstand gründen sollst. Bekanntermaßen findet man die besten Frauen, die es heutzutage giebt, auf dem Planeten Erde. Dort lebt auch die holde, Dir bestimmte Braut, ein Wesen, lieber Sohn, Dir gleich an Seelenadel."

Der Prinz erröthete aus Bescheidenheit, und die Königin fuhr fort:

„Aber nicht ohne Weiteres kann ein so köstliches Gut Dir zu Theil werden, Du mußt es Dir verdienen."

„Wodurch, o Mutter?"

„Durch rastloses Suchen, o Sohn."

„In welcher Gegend der Erde?"

„In Europa."

„Auf dem Lande; in den Städten?"

„In einer Hauptſtadt, unter den Töchtern des höchſten
Adels. Du weißt genug; nun gehe, mein Sohn.“

Aber dieſer rief: „Und das Erkennungszeichen?
Nur das noch ſage mir, woran erkenn' ich ſie?“

Die Königin ſtieg von ihrem Throne nieder und
flüſterte ihrem Sohne einige Worte ins Ohr.

II.

In den vornehmſten Geſellſchaftskreiſen einer großen
Stadt war plötzlich ein junger Mann aufgetaucht, der
allenthalben Liebe und Bewunderung erweckte. Alle
hiſtoriſchen Namen wurden von dem ſeinen, der dem
Mythus angehörte, verdunkelt. Sein Stammbaum war
ſo lang, daß er nicht einmal in der längſten Straße der
Stadt ganz aufgerollt werden konnte; ſein Reichthum
ſchien unermeßlich, ſeine Großmuth war es. Hoch=
geboren, edel und reich, was brauchte er außerdem noch
zu ſein, um die Herzen der Töchter und die Zuſtimmung
der Eltern im Sturme zu erobern? So ritterlich und
beſcheiden wie er hatte noch nie ein Mann den jungen
Damen den Hof gemacht. Was ſie aber am meiſten
an ihm entzückte, das war ſeine Heiterkeit und ſein Witz.
Daß er den letzteren ſtets auf Koſten des lieben Nächſten
übte, daß der himmliſche Prinz ein Spötter war, hatten
ſie bald entdeckt und bemühten ſich aus vollen Kräften,
dieſen fadendünnen Spalt an dem Panzer ſeiner Voll=
kommenheit zu erweitern.

Dies geſchah aus weiblichem Inſtinkt.

Jedes Edelfräulein, mit dem er gelacht und ge=
scherzt, war überzeugt, seiner Schwäche am geschicktesten
geschmeichelt und damit sein Herz gewonnen zu haben.
Doch keine dieser Hoffnungen erfüllte sich, und eines
schönen Tages war der Prinz ebenso plötzlich wie er ge=
kommen — verschwunden.

III.

Dasselbe wiederholte sich in vielen anderen Städten.
Der Prinz begann seine Freudigkeit einzubüßen; sein
Witz wurde immer schonungsloser; er spottete nicht mehr,
er lästerte. Sein Erdenwallen, das fühlte er wohl, machte
ihn nicht besser, und am meisten kränkte ihn, daß er nur
in seinen eigenen Augen an Werth verlor. Die Väter,
die Mütter, die Töchter trieben nach wie vor Abgötterei
mit ihm und verehrten jedes seiner Worte.

„Ewiges Einerlei!" sagte er oft laut vor seinem
ganzen Gefolge. „Ich werde heimkehren zu meiner könig=
lichen Mutter als alter Junggeselle."

Und wirklich begann er zu versauern als ein solcher.

Endlich ergriff ihn ein ungeheurer Ekel. „Laß
satteln! Unsere Wolken vor! Die schwärzeste für mich!"
befahl er seinem Oberstallmeister. „Wir reiten!"

„Heute, Eure Hoheit?" versetzte der Würdenträger.
„Ist heute nicht Hofball, den Eure Hoheit besuchen
müssen?"

Der Prinz gab das zu und ging auf den Ball.
Aber er tanzte nicht, schwatzte nicht, lachte nicht. Er stand

in einer Ecke, sah den schönen, jungen Damen, die im Tact an ihm vorüber schwebten, traurig nach und seufzte: „Keine, keine Einzige!"

IV.

Die Melancholie des Prinzen war aufs Höchste gestiegen, als er plötzlich am anderen Ende des Saales ein liebliches Mädchen erblickte, das ruhig dasaß und, wie er, dem Tanze zusah. Sie jedoch that es mit heller Zufriedenheit und schien seelenvergnügt.

„O Seele!" dachte der Prinz, „wie schön mußt Du sein, um Dich so zu vergnügen am Vergnügen der Andern!" Sanft, aber unwiderstehlich angezogen, trat er vor das liebliche Mädchen hin, verbeugte sich und fragte: „Sie tanzen nicht, mein Fräulein?"

Sie stand auf, erwiderte seine Höflichkeit und, nachdem sie sich wieder gesetzt hatte, auch seine Frage: „Nein, mein Herr."

„Und warum nicht!"

„Weil ich keinen Tänzer bekommen habe", antwortete sie voll heiterer Gleichgültigkeit; und wie sie den Prinzen dabei mit ihren unschuldigen Augen anblickte, wurde ihm wohler, als ihm noch je auf Erden geworden war.

„Keinen Tänzer heute?"

„Heute nicht und nie," und sie lachte so hell, daß er meinte, die goldenen Zauberglöcklein auf dem Thurme feines heimathlichen Schloffes den Morgen begrüßen zu hören.

Er sah nieder zu ihren wunderschönen Füßchen, betrachtete sie mit großer Aufmerksamkeit, und sagte: „Sie tanzen gewiß gern und ausgezeichnet?"

„Sehr gern, o ja, und nicht schlechter als eine Andere."

„Und dennoch werden Sie nicht aufgefordert? Warum, warum?" rief der Prinz, immer mehr in Feuer gerathend, und ergriff ihre Hand.

Die Kleine erschrak, senkte die Augen und murmelte so undeutlich, daß nur Einer, der im Begriff ist, sich zu verlieben, es verstehen konnte: „Weil ich langweilig bin."

„Langweilig? ... O, mein Fräulein! ..." Flammende Röthe brannte auf seinen Wangen, ein unterdrücktes Jauchzen drang aus seiner Brust: „O, mein Fräulein, dann erlauben Sie mir, an Ihrer Seite Platz zu nehmen."

V.

Man ließ sie nicht lange in Ruhe plaudern. Eine junge Dame nach der andern kam heran und verrieth auf mehr oder minder feine Weise ihr Erstaunen darüber, daß der Vielumworbene, dem die Wahl unter Adler- und Schwanenjungfrauen freistand, sich mit einem Gäns- chen beschäftigen mochte.

Wie auf Verabredung ließen sie ihren Witz sprühen, daß es nur so prasselte. Die Funken stoben, fielen über manchen guten Namen her und vernichteten ihn.

Und der Prinz, ach, der Prinz stimmte ein. Er sah die Stirne seiner lieblichen Nachbarin sich verfinstern, aber er stimmte ein. Ja, er fand ein teuflisches Gefallen daran, jede geistreich vorgebrachte Bosheit zu überbieten. Es gelang ihm beispiellos. Der Genius der Verleumdung schien über ihn gekommen, und er brachte dessen grausamste Eingebungen mit unbändigem Uebermuthe vor. Seine Zuhörerinnen stutzten, kicherten, errötheten. Viele gaben sich Mühe, eine leise Schadenfreude zu verbergen; das waren die Pfiffigen, die Klugen, die hatten längst „so etwas" bemerkt. Einige fühlten Mitleid und Bedauern, Andere waren erstaunt.

Ein Zweifel an dem Schlechten, das er aussagte, stieg in Keiner auf, in keiner Einzigen.

Und doch! — in Einer doch — in der Lieblichen, die der Prinz, so lange er sprach, kaum anzusehen gewagt hatte. Sie erhob sich klopfenden Herzens, Thränen des Zornes standen in ihren Augen. —

„Von Allem, was Sie da behaupten," sagte sie kühn und laut, „glaube ich nichts!"

„Nichts?   von Allem nichts?"   Er stieß einen Schrei aus, der an den Wänden des Saales widerhallte wie himmlische Musik, warf sich auf die Kniee vor seiner anmuthigen Gegnerin und umfaßte mit beiden Armen ihre zarte Gestalt.

„Du bist es!" rief er. „O Mutter — die ist's — die gab mir das Erkennungszeichen!"

Im selben Augenblick öffnete sich die Decke, und auf

ihrem mit Feuervögeln bespannten Sonnenwagen kam die Märchenkönigin herbeigeflogen.

Vor ihrer blendenden Erscheinung senkten sich alle Augen, nur die des Brautpaares nicht. Der Prinz führte seiner Mutter die Erwählte zu, und die Königin küßte sie dreimal und sprach:

„Ich wußte wohl, daß es eine lange Trennung von meinem Sohne galt, als ich ihn zur Erde sandte, eine Gemahlin zu suchen, die an Verleumdung nicht glaubt. Sei mir gegrüßt, Du holde Seltenheit!"

Die Königin hieß ihre Kinder einsteigen, die Feuer=vögel entfalteten ihre Schwingen und trugen die Glück=lichen in das schöne Feenland, aus dem die Verleumdung verbannt ist, und wo sogar die jungen Damen schweigen, wenn sie von ihrem Nächsten nichts Gutes zu sagen wissen.

Werthbestimmung.

In einen mit Kreuzern gefüllten Sack gerieth zufällig einmal ein Dukaten. Nachdem er einige Zeit bei ihnen geweilt hatte, sagten sie: „Wir müssen unserem Gast=freunde einen Rang anweisen, laßt uns denn zuvor seinen Werth bestimmen."

Die alten, die Patinirten, traten zusammen, be=riethen lange und brachten es endlich zu dem Vorschlage:

„Der gelbe Bursche ist zwar schwächlich, doch be=antragen wir, ihn um seines hellen Klanges und seiner feinen Legirung willen ebenso viel gelten zu lassen, wie Unsereinen."

„Von Meinesgleichen werde ich höher gehalten," wagte der Dukaten einzuwenden, und sogleich brachen die neuen, blanken Kreuzer, die schon über den Vorschlag der alten gemurrt hatten, in einen Sturm des Unwillens aus.

„Was geht uns an, wie Deinesgleichen Dich schätzen," riefen sie. „Im Kupferlande gilt das Gold ein für allemal — nichts."

Das wurde zum Gesetz erhoben.

———

Geſchieden.

Der Glauben und die Liebe waren einſt ein Paar
und führten die glücklichſte Ehe. Eines Tages ſprach der
Glauben: „Ich muß wandern, ich muß mich über die
Erde verbreiten,“ und die Liebe bat: „Nimm mich mit.“
Er aber erwiderte: „Das kann nicht ſein. Ohne Dich
bin ich ſtärker; allein iſt der Held.“

Er ging und verirrte ſich unterweges in Nacht und
Finſterniß, und als er heimkam, erkannte die Liebe ihn
kaum wieder, ſo ſehr hatte er ſich verändert — auch
gegen ſie. Sie hatte ihre Macht über ihn verloren.

Seitdem wendet er ſich gar oft von ihr ab. Finden
ſie ſich flüchtig zuſammen, geſchieht es nur, um ſich bald
wieder zu trennen.

Ihr Bund war Segen, ihre Uneinigkeit iſt Fluch,
und die Menſchenkinder fühlen ihn ſchwer.

Des Kleinen Lob.

Einige Künstler und Kunstfreunde standen vor dem Moses des Michel Angelo. Die Einen liehen ihrer Begeisterung Worte, die Andern schwiegen von Ehrfurcht übermannt. Es war auch ein Drechsler aus der Vorstadt da, der blinzelte zu dem mächtigen Bildwerk empor, musterte es eine Weile und sprach dann mit Gönnermiene: „Recht nett!“

Besessen.

Ein Jüngling hatte ein schönes, treues Liebchen, strebte aber der Gunst einer Göttin nach. Diese wies ihn ab und sagte:

„Wie kannst Du glauben, daß ich mich einem Menschen huldreich erweisen werde, dessen Herz ich theilen müßte mit einem irdischen Weibe?"

Da verstieß er seine Geliebte, rief die Göttin wieder an und fragte: „Wirst Du mich belohnen für das Opfer, das ich Dir gebracht habe?"

„Schon deshalb nicht, weil Du Lohn erwartest," erwiderte sie. „Ein Recht auf mich läßt sich nie und durch nichts erwerben."

„Ich spreche auch nicht von Recht," versetzte der Jüngling, „ich flehe um Deine Gnade."

Die Göttin ließ ihr heiteres Lachen erschallen: „Behilf Dich einstweilen ohne sie. Du hast genug andere Güter; Du hast theure Eltern, Geschwister, Freunde, ein schmuckes Heim, Reichthum, Jugend, Gesundheit."

Nun verschenkte er Alles, was er besaß, nahm auf Nimmerwiedersehen Abschied von den Seinen und folgte der Göttin nach — aus weiter, weiter Entfernung.

Weil er nichts Anderes mehr zu opfern hatte, opferte er ihr den Schlaf seiner Nächte und das Roth seiner Wangen, wachte und sang vor den Altären der Unsterblichen, verkündete ihren Ruhm und rief die Welt zum Zeugen seiner Anbetung und seiner ringenden Qual.

Aber seine Lobpreisungen und seine Klagen blieben ohne Widerhall, denn die Göttin hatte die Lippen, denen sie entströmten, nicht geküßt. Das Alter kam, zehrte an seiner Kraft, bleichte ihm die Locken, seine Sehnsucht blieb jung und heiß, und sie, deren Schrei die Ruhe des Himmels stört, zwang die Unsterbliche einmal wieder zu ihrem treuesten Diener herab.

Er warf sich ihr zu Füßen und flehte:

„Einen freundlichen Blick gewähre mir, ein holdes Lächeln, damit mein Leben nicht ganz verloren sei!“

„Wenn verloren, ist’s meine Schuld?“ fragte sie. „Warum wandelst Du auf meinen Spuren? — Wann rief ich Dich? — Laß ab von meinem Dienste, unberufener Knecht!“

Zürnend schritt sie hinweg, und er stand auf und folgte ihr.

Die Nachbarn.

Der Blonde und der Braune waren Nachbarn; Jeder von ihnen stand an der Spitze eines gutmüthigen Hirtenvolkes. Sie tauschten nach Bedarf die Producte ihrer Ländereien und blieben einander stets hülfreich in Noth und Gefahr.

Niemand hätte bestimmen können, welchem von Beiden ihr Bündniß mehr Nutzen brachte.

Eines Tages, im Herbste, begab es sich, daß ein heftiger Sturm großen Schaden anrichtete im Walde des Braunen. Viele junge Bäume wurden entwurzelt oder gebrochen, viele alte Bäume verloren mächtige Aeste.

Der Herr rief seine Knechte; sie sammelten die dürren Reiser und schichteten sie in Bündel.

Aus dem frischen Holze aber wurden Stöcke zuge= hauen. Im Frühjahr sollten sie verwendet werden zu einem neuen Zaune für den Hühnerhof der braunen Herrin.

Nun wollte der Zufall, daß ein Diener des Blonden die Stöcke in die Scheune bringen sah. Ihre Anzahl schien seinen etwas blöden Augen ungeheuer. Von Angst ergriffen lief er heim und sprach zu seinem Gebieter:

„Ein Verräther will ich sein, wenn der Nachbar nicht Böses wider uns im Schilde führt!"

Er und andere ängstliche Leute, — es waren auch Weise darunter, — schürten so lange das Mißtrauen, das sie ihrem Herrn gegen den Freund eingeflößt hatten, bis jener sich entschloß, zu rüsten gegen die vermeintlich Gerüsteten.

Eine Scheune voll von Stöcken hatte der Braune; der Blonde wollte drei Scheunen voll von Stöcken haben.

Holzknechte wurden in den Wald geschickt. Was lag ihnen an seiner hohen Cultur? Ihnen that es nicht leid, einen jungen Baum zu fällen, ihm die aufstrebende Krone abzuhauen und die lichtsuchenden Aeste und die Zweige mit den athmenden Blättern.

Nach kurzer Zeit war der Wald verwüstet, aber der Blonde hatte viele tausend Stöcke.

Wie es ihm ergangen war, erging es nun seinem ehemaligen Freunde. Die Klugen und die Thörichten, die Verwegenen und die Zaghaften im Lande, Alle schrieen: „Es ist Deine Pflicht, Herr, dafür zu sorgen, daß uns der Tag des Kampfes reich an Stöcken finde!"

Und der Braune und der Blonde überboten einander in der Anschaffung von Vertheidigungsmitteln, und bedachten nicht, daß sie endlich nichts mehr zu vertheidigen hatten, als Armuth und Elend. Weit und breit war kein Baum zu erblicken, die Felder waren unbebaut; nicht Pflug noch Egge, noch Spaten gab es mehr: Alles war in Stöcke verwandelt.

Es kam so weit, daß die größte Menge des Volkes zu Gott betete: „Laß den Kampf ausbrechen, laß den Feind über uns kommen; wir würden leichter zu Grunde gehen unter seinen Stöcken, als unter den Qualen des Hungers!" —

Der Blonde und der Braune waren alt und müde geworden, und auch sie sehnten sich im Stillen nach dem Tode. Ihre Freude am Leben und Herrschen war abgestorben mit dem Glücke ihrer Unterthanen.

Und einmal wieder trieb der Zufall sein Spiel.

Die beiden Nachbarn stiegen zugleich auf einen Berg, der die Grenze zwischen ihren Besitzungen bildete.

Jeder von ihnen dachte: Ich will mein armes, verwüstetes Reich noch einmal überschauen.

Sie kletterten mühsam empor, kamen zugleich auf dem Grate des Berges an, standen plötzlich einander gegenüber und taumelten zurück   Aber nur einen Augenblick. Ihre abwehrend ausgestreckten Hände sanken herab und ließen die Stöcke fallen, auf welche sie sich gestützt hatten.

Die ein halbes Jahrhundert in Haß verkehrte Liebe trat in ihr altes Recht. Mit schmerzvoller Rührung betrachtete der Freund den Freund aus halb erloschenen Augen. Nicht mehr der Blonde, nicht mehr der Braune! Wie aus einem Munde riefen sie: „O, Du Weißer!" und lagen Brust an Brust.

Wer zuerst die Arme ausgebreitet, wußten sie ebenso wenig, als sie sich besinnen konnten, wer dereinst die ersten

Stöcke aufgestellt wider den Anderen. Sie begriffen nicht, wie das Mißtrauen hatte entstehen können, dem Alles zum Opfer gefallen war, was ihr Dasein, und das der Ihren lebenswerth gemacht hatte.

Eines nur stand ihnen fest: die niederdrückende Ueberzeugung, daß nichts auf Erden ihnen ersetzen konnte, was die Furcht vor dem Verlust ihrer Erdengüter ihnen geraubt hatte.

Der gute Feind.

Der verkörperte Tadel — übrigens ein ehrlicher Bursche — begegnete einem jungen Poeten, erhob sofort seinen Knüttel und bläute den ahnungslos Dahinschreitenden tüchtig durch. Wenn aber der Tadel nichts weniger als ein Höfling war, so war der Poet nichts weniger als ein Weichling. — Jetzt weiß ich, dachte er, wo ich zu treffen bin, und will mir die Lehre zu Nutze machen.

Er kühlte seine brennenden Striemen an der nächsten frischen Quelle und schritt unverdrossen weiter.

Nach langer Zeit stieß er einmal auf das verkörperte Lob. Das hatte leider seinen unentbehrlichen Halt, den Tact, zu Hause gelassen und ergoß sich so lawinenartig über den Dichter, daß er sein Gleichgewicht verlor. Nicht genug. Immer in der besten Absicht, und beeifert, der Welt zu zeigen, mit welcher Berechtigung sein Hymnus ertöne, nahm das Lob ein Secirmesser und öffnete dem Poeten das Herz.

Der Sterbende aber rief: — „O Tadel, mein guter Feind, singe Du meinen Grabgesang!“

———

Ohne Vorschule.

Ein Töpfer hatte zwei faule Söhne, die das väterliche Handwerk durchaus nicht erlernen wollten. Sein Nach=bar, ein Schuster, dem er sein Leid klagte, tröstete ihn: „— Schickt sie mir. Vielleicht haben sie zu meinem Handwerk mehr Lust als zu dem Euren."

Der Töpfer folgte diesem Rathe; aber seine faulen Söhne sträubten sich auch gegen den Unterricht, den sie beim Schuster und ebenso bei einem Sattler, einem Schneider, einem Schlosser, einem Glaser nehmen sollten, zu denen sie nach und nach in die Lehre kamen. Sie hielten es nirgends aus; sie blieben dabei, wir wollen keinen anderen Beruf ergreifen, als einen, zu dem man nichts zu lernen braucht."

Endlich sagte der Vater in seiner Verzweiflung: „Auf dem Dorfe finde ich nimmermehr, was ihnen paßt, ich will mich in der Stadt umsehen."

Er ging mit seinen beiden Söhnen und kam bald darauf allein zurück.

„Habt Ihr sie untergebracht?" fragten die Nachbarn, und er antwortete: „Ja wohl." — „Und in welcher Art? Was ist das für ein Beruf, zu dem man nichts zu lernen

braucht? Doch wenigstens einer, der Euch ein großes
Anlagecapital wird gekostet haben?"

„Je nun," erwiderte der Töpfer, „meinem Peter
habe ich Papier, Federn und Tinte kaufen, und meinem
Paul einen schwarzen Anzug machen lassen müssen. Der
Peter ist nämlich Schriftsteller, und der Paul Landtags=
Abgeordneter geworden."

Palemon.

Palemon, der Maler, hatte ein Bild vollendet, welches er „Die Königin des Orients“ nannte.

Es stellte Zenobia dar, wie sie, umringt von ihren Feldherren, Magiern, Wahrsagern, Künstlern und Gelehrten, die Huldigung der ihr unterworfenen Völker empfing. Das Gemälde erweckte Entzücken bei Laien und bei Kennern. Die letzteren lobten besonders die Charakteristik.

„Wenn man,“ sagten sie, „die ganzen Figuren sammt Gewändern und Kopfschmuck verdecken, und nur die Gesichter unverhüllt lassen würde, jeder Kenner der ruhmvollen Vergangenheit unseres Vaterlandes müßte ausrufen: Diese ehernen Züge können nur die des Kriegs= hauptmanns Phuhl, und Jener kann nur Kalassar der Fürst sein, von dessen Thaten unsere Geschichte erzählt, und Dieser Divonibar, der unfehlbare Magier. Und dort — o, das ist sie, Zenobia die Große, die Einzige, deren Anblick uns auf die Kniee niederzwingt. An den Stufen ihres Thrones steht Longinus, der Rhetor. Seht um seine Lippen den Genius der Beredtsamkeit schweben!“

Palemon lächelte zu diesem Lobe: „Wäret Ihr doch in meine Werkstatt gekommen und hättet meine Modelle gesehen,“ sprach er. „Wisset, jener Kopf, von dem Ihr meint, er müsse der des berühmten Redners sein, ist der Kopf meines stummen Pferdelenkers; zum Vorbilde der keuschen Zenobia, vor der Ihr in Anbetung versinkt, hat mir die Tänzerin Myra gedient; zu dem des Magiers

Die Kritiker fielen ihm ins Wort: „Um so höher preisen wir Dich, Du Maler des Unsichtbaren. Zweiter Prometheus, der die Gebilde seiner Hand zu beseelen versteht mit Funken himmlischen Feuers. Seht sie leuch= ten aus der niederen irdischen Form! Seht auf vergäng= lichen Stirnen unsterbliche Schönheit thronen. Aus den Augen einer Hetäre grüßt uns der Geist der großen reinen Zenobia, der Mund eines stummen Knechtes spricht Worte des Lebens.“

Ein fremder Kunsthistoriker, der von weither ge= kommen war, um das Bild Palemons zu sehen, erhob seine Stimme: „Thoren, veraltete Schwärmer!“ rief er, „wo bleibt bei dieser Auffassung die Wirklichkeit, die Natur? Glaubt nur: Der Maler, unter dessen Pinsel eine Zenobia zur Hetäre und ein feiner Denker zum rohen Tölpel wird, steht der Wahrheit näher als Ihr.“

Die einheimischen Kritiker wollten den Fremden so= fort steinigen; aber Palemon hielt sie davon ab:

„Das wäre das Rechte — todtmachen, den man nicht widerlegen kann. Nicht kann!“ donnerte er die

Einwendungen seiner Anhänger nieder, „es sei denn, Ihr
müßtet, was vorherrscht auf Erden: Licht oder Schatten,
Blüthe oder Fäulniß, das Gute oder das Böse. Aber
Ihr und der und ich, wir wissen es nicht, wir glauben
nur, und die Jünger dieses Fremden thun wie die meinen:
sie schaffen im Sinne ihres Glaubens. Ihr großer Irrthum jedoch ist, daß sie sich für die einzigen Vertreter
der Wahrheit in der Kunst halten, weil sie malen
und bilden, was Jeder, auch der Gemeinste, sieht. Ich
erhebe denselben Anspruch auf treue Wiedergabe der
Natur, wie sie, wenn es mir gelingt, überzeugend dar-
zustellen, was ich allein gesehen habe: einen edlen Zug
im Angesicht der Verworfenen, einen Blitz des Geistes
im Auge des Einfältigen. Unsere alte und das, was sie
die neue Kunst nennen, können übrigens nebeneinander
bestehen und sind, wie mich dünkt, Schwingungen des-
selben Pendels.

Das Beſte.

Zu dem Erdgeiſt Gaeus war das Mondweſen Elanuh zu Beſuch gekommen. Sie flogen zuſammen durch die herrlichſten Gegenden der Erde, und Elanuh, entzückt von dem Anblick der Wieſen, der Wälder, der Flüſſe und Seen, rief aus: „Sie haben einen ſchönen Wohnplatz, die Menſchen, es muß ſich gut auf ihm leben laſſen."

„Ja wohl," erwiderte der Erdgeiſt mit Stolz, „be= ſonders dann, wenn ſie, die athmen in dieſer reichen Natur, mit ihrer höchſten Kraft begnadet und fähig ſind, das Beſte, das es giebt, zu empfinden."

„Was iſt das Beſte?" fragte Elanuh.

„Die Liebe," entgegnete der Erdgeiſt.

Während ihres Geſpräches ſchwebten ſie über den Dächern einer großen Stadt. Auf einem Hügel, das Häuſermeer beherrſchend, erhob ſich ein fürſtlicher Palaſt, von einem goldenen Gitter umgeben. Elanuh flog hinüber, ließ ſich an eines der Fenſter gleiten und guckte voll Neugier in ein prunkhaft eingerichtetes Schlaf= gemach.

Da ſah er ein Weib auf dem Boden liegen, ein reizvolles Weib, in der Fülle des Lebens. Sie raufte ihr Haar und rang verzweiflungsvoll die Hände vor einem Christusbilde an der Wand, und betete:

„Gieb es nicht zu, o Herr! Errette mich! Laß mich nicht unterliegen in Schmach. Nimm mich zu Dir, eh' ich verderbe! Denn ich verderbe, Herr — ich bin verloren. Ich war eine treue Frau, eine gute Mutter, und bin nun verloren. — Herr! Herr! . Der Du für uns geblutet hast, sieh meinen Undank. Laß Deine Blitze auf mich niederfinken — ich frevle, indem ich zu Dir bete, denn während des Gebets denk' ich nur Sünde.

Tödte mich, retten kannst Du mich nicht mehr!"

Sie zerriß ihre prächtigen Gewänder und raste in Verzweiflung gegen sich selbst.

Elanuh wandte sich ab und sprach zu Gaeus: „Die Unselige ringt wie in den Krallen eines wilden Thieres. Was ist die Urfache ihrer Leiden?"

Gaeus, etwas verlegen, antwortete: „Die Liebe."

Er flog weiter mit seinem Gaste, bis dieser vor einer Dachkammer Halt machte, die, trotz der vorgerückten Nachtstunde, noch erleuchtet war. Wieder sah er durch das Fenster und überblickte einen kleinen Raum, eine Stätte der Armuth. Auf einem Bänkchen, an der Wand, saß ein greises Ehepaar Schulter an Schulter, und Elanuh hörte die Alten jammern und wehklagen.

„Sie hat uns verlassen, sie hat uns dem Elend preisgegeben. Was bleibt uns noch übrig, als zu sterben, da sie fort ist, unsere Erhalterin, unsere Trösterin, unsere Einzige!"

„Fluch ihm, der unſer Kind verleitet hat," ſprach der Greis, und hob die geballte, zitternde Fauſt gen Himmel. — Und die Greiſin, mit dem Aufblitzen des Wahnſinns in ihren trüben Augen, wiederholte: „Fluch ihm!"

„Komm näher Gaeus," ſprach Elanuh, — „ſieh dieſe Armen, und ſage mir, welche Macht konnte eine gute Tochter bewegen, ihre Eltern, die hülfloſen, — die ſterbenden, in ſolchem Elend zurückzulaſſen?"

Gaeus ſenkte das Haupt und murmelte: „Die Liebe."

Abermals nahmen ſie ihren Flug, und plötzlich ſchoß Elanuh aus ſeiner Höhe zu einem kleinen, ebenerdigen Hauſe herab. Er ſchmiegte ſich an das Fenſter einer einfachen, weiß getünchten Stube, und erblickte ein liebliches Mädchen, das halb ausgekleidet an ihrem Bette lehnte. Mit dem Ausdruck der Todesangſt ruhten ihre Augen auf einem jungen Manne, der vor ihr ſtand, verſtört und bleich.

„Geh," beſchwor ſie ihn — „der Vater erwacht. — Geh — was willſt Du von mir?"

„Dich fragen: Iſt morgen Deine Hochzeit?"

Sie brach in Thränen aus: „Quäle mich nicht — frage nicht, was Du weißt."

„So iſt Deine Hochzeit?" ſprach er knirſchend.

Das Mädchen ſchluchzte: „Du weißt es ja, und wem mein Herz gehört, das weißt Du auch."

Wild und glühend ſah er ſie an: „Wenn Du nicht

lügst, einen Kuß denn! — den ersten, den letzten: Ich will's!"

Verstohlen zog er mit der Rechten ein Messer hervor, riß mit dem linken Arme die Widerstrebende an sich, küßte sie und stieß ihr den Stahl in die Brust.

„Alle guten Geister!   Was hat diesen Mann zum Mörder gemacht?" fragte Elanuh.

Gaeus verhüllte sein Antlitz und antwortete: „Die Liebe."

„Und das ist das Beste, was es auf Erden giebt?" rief sein Gastfreund entsetzt.   „Der gnädige Schöpfer steh' mir bei.   Ich wünsche nichts mehr von Eurem Besten zu sehen. Lebe wohl."

„Verweile," bat Gaeus.   „Ein unglücklicher Zufall hat uns geführt.   Ich zeige Dir andere Bilder."

„Sei bedankt, Du vermagst mir keine zu zeigen, welche mich diese vergessen machen könnten."

Und ehe Gaeus ihn zurückhalten konnte, war Elanuh entflohen nach seiner kühlen Heimath.

Ein Glücklicher.

In einer armseligen Hütte kam ein Knäblein zur Welt. Blaß und schmächtig lag es in den Armen seiner Mutter. Diese fühlte sich sterben und jammerte: „Was wird aus meinem hülflosen Kinde werden?"

Da trat ein Engel an ihr Lager: — „Ein Glücklicher!" sprach er, die Hand auf das Haupt des Neugeborenen legend.

„Willst Du ihn groß und geehrt machen?" rief die Mutter aufleuchtenden Blickes. „Willst Du ihn schmücken mit Schönheit ohne Makel, mit Weisheit ohne Fehl? Willst Du ihm den Genuß der Reichthümer dieser Erde schenken, ungetrübt durch die Angriffe der Mißgunst und des Neides?"

Der Engel erwiderte: „Das kann ich nicht; dem Loos der Sterblichen kann ich ihn nicht entziehen; wie alle seine Brüder muß er beides erfahren — Gutes und Böses. Aber einen Segen sprech' ich über ihn bei seinem Eintritt ins Leben. Er soll kein blind vertrauender Thor, und dennoch ohne Gedächtniß für das Böse sein, das die

Menschen ihm anthun werden. Die Erinnerung an das Gute jedoch, das er sie vollbringen sehen und selbst durch sie genießen wird, soll sich unauslöschlich in seine Seele prägen. Stirb in Frieden, Du hast einen Glücklichen geboren."

Der Gottesleugner.

Ein Gottesleugner starb. Drüben im Jenseits traf er zu seiner entsetzensvollen Ueberraschung Den, dessen Spur ihm auf Erden unfindbar gewesen, den Schöpfer, den Erhalter, den Urquell alles Lebens.

Da warf er sich auf sein Angesicht nieder und rief: „O Herr, Du bist, und ich blinder Wurm habe Dein Dasein verneint. Nun richte und verdamme mich!"

Aber unendlich mild und gnädig neigte sich ihm der Herr. „Sei getrost," sprach er. „Du hast Deinen Nächsten geliebt und ihn gelten lassen; Du hast Deine eigene Ueberzeugung nicht für die allein richtige gehalten und die nicht gehaßt, verachtet, verleumdet, die sie nicht theilten. Ob ein armes Menschlein wie Du an mich glaubt oder nicht, trübt das meines Namens Glanz? erfülle ich darum weniger das All? — Die aber, die ohne Güte und Duldung sind, denen die Liebe fehlt, und die sich doch berühmen, in meinem Dienst und zu meiner Ehre zu handeln, die freveln, die versündigen sich an meiner Majestät, sie werde ich zur Rechenschaft ziehen. Dich, Du harmloser Thor, nehme ich auf in mein Himmelreich."

———

Die Vervehmte.

Wenn die Freuden Versammlung halten, findet so mancher verlotterte Gesell sich ein. Die hohen, die reinen gehen an ihm vorbei, zürnend, gleichgültig, wohl auch mit einem mitleidigen Lächeln.

Eine Freude nur wird immer hinausgeworfen, weil sie gar so gemein ist — die Schadenfreude.

Die Anhänger.

Ein Schneckenmännchen, voll von Ehrgeiz und großen Ideen, — mit gutem Recht der Stolz seiner Nation, — unternahm es, an einer hochpolirten, steinernen Gartenbank emporzuklimmen. Dort oben, meinte er, müsse ein weiter Ausblick und eine ganz neue Weltanschauung zu gewinnen sein.

Nach langem mühe= und gefahrvollen Ringen gelang es ihm endlich, die Kante der Banklehne zu erreichen.

Behaglich sah er sich um und dachte: Am Ziele seiner Wünsche zu stehen, ist doch wunderschön; es giebt der Schnecke ein äußerst wohlthuendes Selbstbewußtsein. Uebrigens habe ich mich umsonst geplagt, denn die Welt nimmt sich von dieser hohen Warte nicht anders aus, als von meiner alten Wohnung im Felsenspalt.

Das sagte er auch seinen zahlreichen Anhängern, die sich ringsum im Grase versammelt hatten, um ihn zu bewundern. Aber sie erwiderten: „Verzeih', das können wir nicht glauben. Dein Haus badet im Azur, Deine Hörner reichen ans Himmelsgewölbe. Bei Tag kannst Du schwelgen in Sonnennähe, bei Nacht Fangball spielen mit den Sternen. O, Du Großer, sei auch großmüthig, gönne Deinen treuen Anhängern Antheil an Deinem Glücke! Hilf Deinem Nebenthier, hilf ihm zu Dir hinauf!"

Immer hartnäckiger bestürmten sie ihn, und begannen schon, ihm von allen Seiten nachzukriechen. Da er einsah, daß sie Vernunft nicht annehmen wollten oder vielleicht nicht — konnten, wohl auch geschmeichelt durch ihr Vertrauen, that er, was sie verlangten. Er kam den Tollkühnen entgegen, beschützte die Zagenden, bugsirte den, schob jenen vorwärts .. Alles vergeblich. Die Schnecken waren ungeschickt, und als sich zuletzt gar zu viele von ihnen auf einmal an den Herrn Patron ankletteten, verließ ihn die Kraft, und er plumpste sammt seinen Clienten auf die Erde nieder.

Da schämte und grämte er sich sehr und verlor seinen ganzen Anhang. Alle seine ehemaligen Verehrer aber erklärten einstimmig: Die Leute an sich reißen und sie dann ohne Weiteres fallen lassen, ist doch gar zu schnöde!

Die Ausgestoßenen.

Eine Köchin wollte Vanille kaufen und trat in einen Laden, den sie seiner Ausstattung nach für einen Gewürzkram hielt. Die Wände waren bis zur Decke hinauf mit Schränken verkleidet, und jeder Schrank hatte Abtheilungen und Unterabtheilungen, und diese wieder hatten Fächer und Fächerchen, Laden und Lädchen, und bis zur kleinsten waren alle etiquettirt und numerirt. In der Mitte des Saales befand sich ein Tisch, an dem viele bebrillte Herren von ernstem und gelehrtem Aussehen saßen. Sie beschäftigten sich damit, Püppchen anzufertigen nach Vorlagen der Bilder berühmter, bekannter, halbbekannter oder auch vergessener Dichter und Schriftsteller.

Wenn die Püppchen vollendet waren, verglich Jeder die seinen mit denen der Anderen, und nun begannen Verhandlungen über die Aehnlichkeiten und Unähnlichkeiten dieser Nachbildungen und über den Platz, der ihnen anzuweisen sei. Jeder einzelnen wurden Buchstaben und Nummern auf den Rücken gemalt, und die Sortirung begann, und jedes Püppchen wurde in das ihm zukommende Fach gethan.

— Man erlebt doch alle Tage etwas Neues an Ausstattung der Waare, dachte die Köchin und wollte schon eine Stange Vanille im Goethe = Kostüm verlangen, als die Gesichter der Herren am Tische sich beängstigend ver= düsterten.

„Wir müssen endlich zum Beschluß über die Ge= fangenen kommen," sagten sie, und winkten einem Saal= diener, der eine Hühnersteige vor sie hinstellte, in welcher sich ein halbes Dutzend lebendiger Gestalten, Männlein und Weiblein, befand. Sie trugen theils ländliche, theils städtische Tracht und verbreiteten einen frischen Harz= und Erdgeruch, der den Herren so unangenehm war, daß sie sich die Nasen zuhielten. Dann entnahmen sie dem Käfig eines der zierlichen Wesen nach dem anderen. Ein Messen begann, ein Wägen, ein Versuchen, sie unterzubringen in das richtige Behältniß.

Aber sie paßten nirgends hin; Fächer und Lädchen, so viele ihrer waren, erwiesen sich als zu groß oder zu klein, als zu breit oder zu schmal für die eigenthümlichen Erscheinungen. Die Herren waren rathlos und fragten: „Was soll man anfangen mit solchen Mißgebilden, die sich in gar keine Kategorie eintheilen lassen?"

Da trat die Köchin vor, stellte ihren Korb auf den Tisch und sprach: „Gebt sie mir da herein, ich bringe sie meinen Kindern zum Spielen mit." Gern wurde ihr willfahrt; auf ihre Bemerkung jedoch, sie glaube einen Gewürzladen betreten zu haben, mit Strenge geantwortet: „Würzig sei hier nichts, und sie befände sich in einem Taxirungs = Bureau."

Sogleich sagte sie, daß sie nicht länger stören wolle, und ging hinweg. In ihrem Korbe aber erhob sich plötzlich ein wunderlieblicher Gesang. Von selbst öffnete sich der Deckel, und die Gestalten schwebten heraus. Sie hatten Flügel bekommen, wuchsen und wuchsen in der frischen Luft und schwirrten umher wie Lerchen. Ihre Lieder weckten ein Echo in den nahen Bergen.

Die Köchin glaubte sie für immer entschwunden, fand aber ihre Gesänge wieder auf den Lippen der Kinder, in den Herzen der Menschen und in ihrer eigenen Brust.

Der Verwöhnte.

Die Göttin des Glückes verließ einen ihrer Lieb=
linge. Weil sie ihm aber noch im Scheiden einen Rest
von Huld bewahrte, sprach sie zu ihm: „Einen Schein
von mir sollst Du behalten. Er sichert Dir bis an Dein
Ende Einfluß, Macht, die Gunst und das Vertrauen der
Menschen.“

Dabei nahm sie einen Strahl aus ihrem Sonnen=
diadem und warf ihn dem einst Geliebten zu.

Er wich aus.

„Was thust Du?“ fragte die Göttin; „ein Schein
von Glück gilt auch für Glück.“

„Dem nicht, der Dich ganz besessen hat“, sprach er,
und wandte sich ab. „Elend sein und glücklich scheinen,
ist die größte Qual.“

Propheten-Loos.

Ein Prophet, eine Leuchte der Welt, war fern von
seiner Heimath hochbetagt gestorben. Tausende hatten
ihm das letzte Geleite gegeben und sich dann zerstreut.
Seine Jünger jedoch blieben trauernd an seinem Grabe
stehen, und Einer von ihnen sprach:

„Wie gern wüßte ich, ob sich auch an diesem Großen,
diesem Weisen und Guten, an diesem Wohlthäter der
Menschheit das gewöhnliche Propheten-Loos erfüllt! Wie
gern wüßte ich, ob auch er daheim nichts gegolten hat!"

„Ueberzeugen wir uns davon an Ort und Stelle,"
versetzte ein Zweiter. „Ich sehne mich sehr, die heilige
Stätte kennen zu lernen, an welcher er geboren ward und
seine besten Mannesjahre verlebt hat."

Die Beiden traten die Wanderung an, und feier=
liche Wehmuth ergriff ihre Herzen, als sie in der Nähe
ihres Reisezieles anlangten, eines hübschen Städtchens,
das zwischen grünen Hügeln und wohlbebauten Fel=
dern dalag und in der Morgensonne schimmerte.

Die Jünglinge begaben sich nach dem Marktplatze,
wo das Rathhaus stand, und wollten eben an die Thür
pochen, als sie sich öffnete und der Bürgermeister, be=

gleitet von einem Dutzend Räthen, heraustrat. Er ließ einen flüchtigen Blick über die Fremden gleiten und schien unangenehm verwundert, als diese es wagten, ihn ohne weiters anzureden.

Mit halbem Ohre hörte er ihre Mittheilung an, daß sie die Ueberbringer einer erschütternden Botschaft seien, sagte: „Bedaure, bedaure," und wollte vorüber= gehen. Aber einer der Jünglinge hielt ihn am Aermel fest, und der andere sagte:

„Der größte Mann, den Eure Stadt je hervor= gebracht hat, ist in unserer Weltstadt verschieden."

Bei diesen Worten verbreitete sich ein patziges Lächeln über die Züge des Bürgermeisters und über die aller seiner Beamten. Dreizehn Gesichter nahmen plötzlich denselben Ausdruck an, in dreizehn Köpfen stieg ein und derselbe Gedanke auf: Der größte Mann ist nicht ge= storben, denn ich lebe!

Nun riefen die Jünglinge der stumpfen Gilde den Namen des Verehrten zu; er brachte nicht den geringsten Eindruck hervor. Die Räthe zuckten die Achseln, und der Bürgermeister sprach:

„Von seiner Berühmtheit ist hier nichts bekannt. Uebrigens, seht die alte Frau, die daher kommt, die ge= hört zu seiner Familie, die wird Euch bessere Auskunft über ihn geben können als wir. Sprecht aber laut, denn sie ist halb taub."

Voll Ehrfurcht gingen die Jünglinge der Greisin entgegen, die eines Blutes mit dem geliebten Meister

war, meldeten ihr in schonender Weise seinen Tod und be=
klagten, daß er in seiner Vaterstadt nichts gegolten habe.

„Nichts gegolten?" wiederholte die Alte, die von
der ganzen Rede nur die letzten Worte und den Namen
des Verewigten verstanden hatte. Und sehr geschmeichelt
durch die Aufmerksamkeit, welche die Fremden ihr er=
wiesen, und durch die Spannung, mit welcher sie ihrer
Antwort harrten, setzte sie mit vertraulichem Schmunzeln
hinzu: „In seiner Familie hat er wohl für etwas ge=
golten, nämlich für einen armen Tropf."

———

Ungelöste Aufgaben.

Eine kluge Prinzessin wurde von einem beschränkten, aber sehr mächtigen König geliebt und schenkte seinen Werbungen kein Gehör. Als er immer dringender und in Folge dessen lästiger wurde, beschloß sie, ihn für immer aus ihrer Nähe zu entfernen. Dies mußte jedoch in Güte geschehen, denn die Feindschaft des starken Nachbarn wollte die Prinzessin ihrem Lande nicht zuziehen.

So sprach sie denn eines Tages zu ihm: „Deine Treue hat mich gerührt, und ich will sie belohnen. Du sollst mein Gemahl werden, wofern es Dir gelingt, die Aufgabe zu lösen, welche ich Dir stellen will."

Der König rief: „Nenne sie; wenn es im Bereiche menschlicher Kraft liegt, werde ich sie erfüllen."

„Zieh hin," erwiderte die Prinzessin, „und suche mir die folgenden drei Dinge ausfindig zu machen:

„Ein Vorurtheil, das durch Vernunft besiegt wurde."

„Eine Thorheit, die so groß ist, daß noch kein Mensch sie begangen hat."

„Eine Lästerung, so schamlos, daß sich keine Zunge findet, um sie zu wiederholen."

Der König lachte und gab Befehl, die Hochzeits=
feier zu bereiten, denn er meinte, in wenigen Tagen
schon seine Braut heimzuführen. Dann begab er sich
auf die Reise.

Dies geschah vor tausend Jahren, und bis heute ist
er noch nicht zurückgekommen.

Die Untrennbaren.

Unter den Göttern war ein Streit entstanden, und in Folge dessen erschien eines Tages im olympischen Staatsanzeiger die Kundmachung:

„Der Urheber des dichterischen Genies wird gesucht. Wer sich dafür hält, Mann oder Weib, trete hervor. Apollo und die Musen haben beschlossen, ihm eine in ihrer Nähe leer gewordene Wohnung anzuweisen."

Schon am nächsten Morgen kam durch die Lüfte hergeflogen ein unabsehbarer Schwarm. An seiner Spitze schwebte auf mächtigen, kühn ausgebreiteten Flügeln, in thaufrischer Schöne blumenumkränzt, eine reizumflossene Gestalt.

Ein goldenes Füllhorn ruhte ihr im Arme, und mit überströmender Großmuth ausgestreute Segensspenden be= zeichneten ihren Weg. Ihr Gefolge schloß ganze Welten in sich: Verkörperungen des Herrlichsten und Höchsten, wie des Furchtbarsten und Scheußlichsten; in nicht unter= brochener Reihe alle Abstufungen vom Wunderbaren bis zum Wunderlichen, lebendig gewordene Spiegelbilder aller Thaten und Unthaten aller Leidenschaften, Hoffnungen, Enttäuschungen und Träume. Die edelsten unter den unendlich mannigfachen Gebilden erschienen in hehrer Einfachheit, die anderen, unermeßlich reich geschmückt, schimmerten wie der neugeborene Tag. Ihnen auf den Fersen folgte, das Kainszeichen auf der Stirn, Brand=fackeln schwingend, eine dunkle Schar. Blitzähnlich schossen diese Dämonen hin und her, und bei jedem Flügelschlage theilte und verdoppelte sich jede der grauenhaften Aus=geburten; eine riesige schwarze, mit furchtbarer Geschwindig=keit wachsende Wetterwolke rollten sie, Verderben ver=breitend, durch den Raum.

Aber sie hatten ihre Meister. Unscheinbare Wesen, still und mild und dennoch heldenhaft, demüthig und dennoch unüberwindlich, wiesen die Unholde in ihre Schranken; und ein Schauspiel boten diese Kämpfe, so voll hinreißenden Schwunges, unerschöpflicher Abwechs=lung und Neuheit, so voll Gefahr und Triumph, so voll Jubel und Leid, daß die Götter ihm zusahen und horchten in athemloser Spannung. Was jedoch ihre größte Neu=gier erregte, das war eine kleine, bunte Menge, die in=mitten des Gewühles auf einem grünen, blühenden Eilande, wie auf einem rettenden Schifflein segelte. Die schärfsten Contraste prägten sich in diesen Kleinen aus; Anmuth beseelte die meisten von ihnen; das zweischneidige Schwert, das Einige führten, traf, ohne zu verwunden. Sie spielten, waren aber nicht blind für die großen Schick=sale, die sich um sie her vollzogen; mit Thränen in den Augen lachten sie, und ihr Lachen glich dem fröhlichen Gesang der Drossel und erheiterte den Olymp.

Momus, der zu den Füßen Melpomene's saß, sprach zu ihr: „Wer sind Die? Ich sollte sie kennen, ich kenne sie aber nicht."

Die Muse erwiderte: „Ein nachgeborenes Völkchen — humoristisches Pack."

Sie richtete ihre Aufmerksamkeit auf die Führerin des Schwarmes, die nun vor den Himmlischen stand. Ein Zauber ohne Gleichen ging von ihr aus; sie schüttelte ihr seidenweiches, welliges Haar und sagte mit wonniger Zuversicht:

„Mir und den Gaben, die ich verleihe, verdankt der Dichter den Antrieb zu all seinem Können und Thun. Ich bin die Phantasie."

Die Götter schwiegen, sannen nach und erwogen noch die Berechtigung dieses Anspruches, als ein Mann, ganz in Eisen gepanzert, sich wuchtigen Schrittes näherte, neben die Phantasie hintrat und seine Stimme erhob:

„Diese Dame prahlt. Ohne mich wird aus dem Können, das sie ihrem Liebling in die Wiege legt, nie ein Thun; ohne mich bleiben seine Hervorbringungen eitel Anfänge und vergehen wie Schaum. Ich bin der Fleiß."

Ein heiteres Lachen folgte dieser Erklärung, und alle Augen suchten den, der es ausgestoßen hatte.

Es war ein schlichter, kräftig gebauter Bursche, mit hellen Augen und rothen Wangen. „Meine himmlischen Herrschaften," sagte er, „nur ungern wage ich mich in Eure wolkenüberragenden Höhen; doch zwingt mich dazu

mein gutes Recht, das ich zu wahren habe. Du, Genie=
Mutter," — so wandte er sich ohne Umstände an die
Phantasie, die bei seinem Anblick die schönen Lippen
kaum merklich verzogen hatte, — „was würde aus Deinen
Kindern, wenn ich nicht zu Gevatter bei ihnen stände?
Elend müßten sie zu Grunde gehen, erdrückt unter den
berauschenden Blumen, mit denen Du sie überschüttest,
irre geführt durch Deine webenden Träume, toll gehetzt
auf der Jagd nach Deinen lockenden Früchten, verzehrt
von Deinen rastlos keimenden Gedanken. Und Du,"
sprach er noch strenger zum Fleiße, „Du setzest den
Sorgen, die mir diese gute Mutter und schlechte Er=
zieherin macht, die Krone auf. Du Maulwurf, Du!
Den Eifer, den Du ihren Kindern in alle Adern spritzest,
tausendmal verwünscht hab' ich ihn. Er zwingt mich,
auf Tritt und Schritt hinter den von Dir besessenen
Genies her zu sein, um sie zu leiten, um sie zu hindern,
Deinem blinden Triebe folgend, sich todt zu arbeiten in
einem todten Schachte. Ja, rühmt Euch nur, Ihr
Zwei! Ohne mich wird das Beste, das Ihr zu spenden
habt, Euren Auserkorenen zum Unheil und zum Fluch."

Die Phantasie und der Fleiß senkten die Augen und
widersprachen nicht. Apollo jedoch fragte:

„Wer bist Du, Einfacher und Schlichter, daß Du
eine so selbstbewußte Sprache führen darfst?"

Die Antwort lautete: „Ich bin der Verstand."

Da blickten die Götter einander an, einige von
ihnen erröHeten, besonders Venus und ihr Sohn. Sie

senkten die olympischen Häupter und zogen sich zu einer
Berathung zurück.

Der Beschluß, der in derselben gefaßt und durch
Mercur verkündet wurde, war folgender:

„Wir anerkennen die Ansprüche eines Jeden von
Euch auf die in unserem Erlasse ausgeschriebene Wohnung.
Doch haben wir nur diese eine zu vergeben und können,
da unser Reich ohnehin täglich an Boden verliert, nicht
Raum schaffen für Euch Alle. Einen aber auf Kosten
der beiden Anderen zu bevorzugen, widerstrebt unserer
ewigen Gerechtigkeit. So nehmt unsern Dank für Euer
Erscheinen und kehrt zur Erde zurück.“

Die Phantasie winkte ihrem Gefolge und flog da=
von; der Fleiß und der Verstand traten zu Fuße den
Heimweg an. Der Erstere, ohne sich umzusehen; der
Andere jedoch warf, am Himmelsthor angelangt, mehr
zufällig, als mit Absicht, einen Blick zurück nach den
Gefilden der Unsterblichen. Da sah er Minerva stehen,
kampfbereit in ihrem Frieden, ruhig und gerüstet. Er
beugte sich voll Ehrfurcht; und die Göttin der Weisheit,
mit freundlicher Gebärde, ein holdes Lächeln um den
ernsten Mund, grüßte ihn.

————

Die Brüder.

Es lebten einst zwei Brüder, denen die Fähigkeit gegeben war, Macht auszuüben über die Gemüther der Menschen.

Der Aeltere suchte die Darbenden auf und sprach ihnen von ihrem Rechte auf Genuß. Er ließ die Arbeitenden die Wonnen des Müßigganges kosten und entflammte die Besitzlosen zum Kampfe gegen die Besitzenden. Verherrlichung aller Handlungen der Armen und Elenden, Verhöhnung und Verdächtigung jeder That der Kinder des Glückes war das zweischneidige Schwert, das er mit glühender Ueberzeugung führte und das ihm einen blind ergebenen Anhang erwarb.

Der Jüngere predigte durch Wort und Beispiel nicht einer bestimmten Klasse, sondern allen Menschen. Er pries die Hochgeborenen und Reichen nicht als die besonders Begünstigten und bejammerte die Niedrigen und Armen nicht als die Enterbten des Geschickes. Er forderte von Allen gleiche Strenge gegen sich, das gleiche Mitleid mit dem Nächsten, die gleiche Gerechtigkeit gegen den Feind, und von Allen Arbeit. Vom Armen, weil sie Brot ist für Weib und Kind, vom Reichen, weil sie die freiwillige Armuth ist.

Seine Stimme konnte grollen wie der Donner, und seine Augen konnten dräuen wie der Blitz. Schonungslos schwang er die Geißel über Die, die er am meisten liebte, und heischte von ihnen fast ebenso viel Selbstverleugnung, wie von sich selbst.

Einmal geschah es, daß die getrennten Wege der Brüder sich kreuzten, und sie einander gegenüber standen.

„Wie viele Anhänger hast Du?" fragte der Aeltere den Jüngeren.

„Ich habe zehn gewonnen," lautete die Antwort, und der ältere Bruder versetzte:

„Und ich zehntausend."

In der folgenden Nacht hatte jeder von ihnen einen Traum, der ihm die Zukunft zeigte. Der Aeltere sah sich im Sarge liegen, umtobt von dem Streite Derer, die das Erbe seiner Macht antreten wollten. Um die Rede= gewandten waren kleine Scharen versammelt, lauschten ihren Schmeicheleien und Verheißungen und schenkten ihnen Glauben. In Fähnlein zerstückelt, stob das große Heer auseinander.

Der Führer keuchte und stöhnte im Schlafe; sein Lebenswerk, die Partei, die er gegründet, endete mit ihm.

Der Jüngere sah im Traume Wallerzüge durch die Fluren schreiten. Singend, Blumen und Palmen tragend, pilgerten sie zu einem grünen Hügel, der sich außerhalb der Mauer eines Dorfkirchhofs erhob. Sie kamen aus allen Weltgegenden, fremd in der Sprache, im Aus=

sehen, im Gehaben. Aber am gemeinsamen Ziel an=
gelangt, erkannten sie, daß sie Brüder waren. Sie
reichten einander die Hände über dem Grabe und riefen
in den verschiedensten Sprachen einen ihnen heiligen
Namen.

Es war der des Träumenden — er hatte eine Re=
ligion gestiftet.

Gedichte.

Ein kleines Lied.

Ein kleines Lied, wie geht's nur an,
Daß man so lieb es haben kann,
Was liegt darin? erzähle!

Es liegt darin ein wenig Klang,
Ein wenig Wohllaut und Gesang
Und eine ganze Seele.

Boule d'or.

O du des himmlischen Reiches Kind,
Du Fremdling im nordischen Moose,
Von Düften umhüllet lieblich und lind,
Des Ostens holdeste Rose.

Dir gab der leuchtende Sonnenschein
Der Farbe Schimmern und Prunken,
Vom Urquell des Lichtes in dich hinein
Die Strahlen hast du getrunken.

Zunächst dem Kelch entfaltest du
Die Blätter wie goldene Schwingen,
In deines Herzens träumende Ruh'
Vermag kein Auge zu dringen.

Die würzigen Lüfte nur flüstern ringsum,
Daß hier ein Geheimniß sich hehle,
Doch hüllt sich in Schatten das Heiligthum
Der schüchternen Blumenseele.

Sommermorgen.

Auf Bergeshöhen schneebedeckt,
Auf grünen Hügeln weitgestreckt
Erglänzt die Morgensonne;
Die thauerfrischten Zweige hebt
Der junge Buchenwald und bebt
Und bebt in Daseinswonne.

Es stürzt in ungestümer Lust
Herab aus dunkler Felsenbrust
Der Gießbach mit Getose,
Und blühend Leben weckt sein Hauch
Im stolzen Baum, im nied'ren Strauch,
In jedem zarten Moose.

Und drüben wo die Wiese liegt
Im Blüthenschmuck, da schwirrt und fliegt
Der Mücken Schwarm und Immen.
Wie sich's im hohen Grase regt
Und froh geschäftig sich bewegt,
Und summt mit feinen Stimmen!

Es steigt die junge Lerche frei
Empor gleich einem Jubelschrei
Im Wirbel ihrer Lieder.
Im nahen Holz der Kuckuck ruft,
Die Amsel segelt durch die Luft
Auf goldenem Gefieder.

O Welt voll Glanz und Sonnenschein,
O rastlos Werden, holdes Sein,
O höchsten Reichthums Fülle!
Und dennoch, ach — vergänglich nur
Und todtgeweiht, und die Natur
Ist Schmerz in Schönheitshülle.

Der Halbpoet.

Es ist die allergrößte Pein,
Ein Halbpoet geboren sein,
Zu tragen in sich unerhellt

Das Chaos einer ganzen Welt,
Aus dessen Gähren, dessen Ringen
Kein ganzes Leben will entspringen.

Zu steh'n in heißen Durstesqualen
Am Zauberborn des Idealen,
Das Schöne liebend zu begreifen,
Heran zur höchsten Klarheit reifen,
Im Reinen wandeln und im Wahren —
Ohnmächtig es zu offenbaren.

In dir ein Schaffen unbewußt,
Ein lautlos Schrei'n in deiner Brust,
Ein Wogen, Keimen, Knospensprengen,
Ein ruheloses Vorwärtsdrängen,
Und dennoch keiner Blüthe Prangen,
Und dennoch kein Zumzielgelangen!
— Es ist die allergrößte Pein,
Ein Halbpoet geboren sein.

Vanitas.

Bin ihr begegnet in allen Gestalten,
Sah sie gehüllt in jedwedes Gewand,
Heut in des Mantels purpurnen Falten,
Gestern in Lumpen wallend durchs Land.

Schwerer besiegt als Helden in Waffen,
Leichter verletzt als ein hülfloses Kind,
Rastlos in ihrem nichtigen Schaffen,
Thöricht und klug, allsehend und blind.

Heimisch im Tempel, heimisch im frechen
Hause der Sünde, in Hütte und Schloß,
Weiß sie in jeder Zunge zu sprechen,
— Bist du ein Mensch, du bist ihr Genoß.

Räthselhaft Wesen, dem alle wir dienen,
Das uns beherrscht, ob wir groß oder klein,
Keiner ist noch auf Erden erschienen,
Der es gestand, dein Sklave zu sein.

Hältst du am engsten ein Opfer umsponnen,
Trägt dir's gewiß den bittersten Haß.
Und dich verleugnet, den du gewonnen,
Schimmernde Lügnerin —: Vanitas!

———

Das Schiff.

Das eilende Schiff, es kommt durch die Wogen
Wie Sturmwind geflogen.

Voll Jubel ertönt's vom Mast und vom Kiele:
„Wir nahen dem Ziele."

Der Fährmann am Steuer spricht traurig und leise:
„Wir segeln im Kreise."

———

Lebenszweck.

Hülflos in die Welt gebannt,
Selbst ein Räthsel mir,
In dem schalen Unbestand,
Ach, was soll ich hier?

— Leiden, armes Menschenkind,
Jede Erdennoth,
Ringen, armes Menschenkind,
Ringen um den Tod.

———

Grabschrift.

Im Schatten dieser Weide ruht
Ein armer Mensch, nicht schlimm noch gut,
Er hat gefühlt mehr als gedacht,
Hat mehr geweint als er gelacht,
Er hat geliebt und viel gelitten,
Hat schwer gekämpft und — nichts erstritten.

Nun liegt er endlich sanft gestreckt,
Wünscht nicht zu werden auferweckt.
Wollt' Gott an ihm das Wunder thun,
Er bäte: Herr, o laß mich ruh'n!

Sankt Peter und der Blaustrumpf.

Ein Weiblein klopft ans Himmelsthor,
Sankt Peter öffnet, guckt hervor:
— „Wer bist denn Du?" — „Ein Strumpf, o Herr"
Sie stockt, und milde mahnet er:
„Mein Kind, erkläre Dich genauer,
Was für ein Strumpf?" „Vergieb — ein blauer."
Er aber grollt: „Man trifft die Sorte
Nicht häufig hier an unsrer Pforte.
Seid sammt und sonders freie Geister,
Der Teufel ist gar oft nicht dreister,
Geh hin! er dürfte von Dir wissen,
Der liebe Herrgott kann Dich missen."
— „Das glaub' ich wohl, — doch ich nicht Ihn,
O Heil'ger, wolle noch verziehn!"
Sie wagt es, sein Gewand zu fassen,
Hat auf die Knie sich sinken lassen.
„Du starker Hort, verstoß' mich nicht,
Laß blicken mich ins Angesicht
Des Ew'gen, den ich stets gesucht."

„In welcher Weise, ward gebucht.
Man strebt ihm nach wie's vorgeschrieben,
Du bist uns fern und fremd geblieben."
Das Weib blickt flehend zu ihm auf:
„Wär' Dir bekannt mein Lebenslauf,
Du wüßtest, daß in sel'gen Stunden
Ich meinen Herrn und Gott gefunden."
Der Pförtner stutzt: „Allwo? — Sprich klar!"
— „Daselbst, wo ich zu Hause war,
(Mein Handwerk brachte das mit sich)
Im Menschenherzen. Wunderlich
War dort der Höchste wohl umgeben;
Oft blieb von Seines Lichtes Weben
Ein glimmend Fünklein übrig nur,
Und führte doch auf Gottes Spur.
Ob er sich nun auf dem Altare
Den Frommen reicher offenbare —
Das zu entscheiden ist Dein Amt.
Bin ich erlöst? bin ich verdammt?"
Sankt Peter zu derselben Frist
Etwas verlegen worden ist,
Dacht' eine gute Weile nach,
Nahm endlich doch das Wort. Er sprach
Und rückt dabei den Heil'genschein:
„Besprich es drin. — Ich laß' Dich ein."

———

Liebeserklärung.

Du Vielgeliebte, Dich hab' ich geliebt
Von Deinem ersten Lebensstündlein an,
Als kaum entwunden Du dem Schoß der Mutter,
Dalagst auf ihrem Bette klein und roth,
Die Wangen voll von Fältchen und die Stirn,
Und auch die winz'gen, unbeholfnen Hände.

O, welch' ein Glück, an Deiner Wiege stehn,
Bewundern still, wie schön Du schlafen kannst,
Und Dein Erwachen jubelnd zu begrüßen.. —
Was immer meine Nichte that und ließ,
Ich fand es einzig, fand es genial;
So weint' und lachte niemals noch ein Kind,
So kroch noch keins dahin auf allen Vieren
Und sprach: „Tata" mit solchem Nachdruck aus.

Indessen leider! meine gute Meinung —
Weiß Gott, wie's kam — gar viele theilten sie
Und machten sich höchst ungenirt zu eigen,
Was ich entdeckt in angestammter Weisheit.

Allmälig wuchsen hundert Toggenburgen
Empor am Strande Deiner wilden Petsch,
Und in den Burgen wohnten hundert Schmachter
Und Schmachterinnen treu bis in den Tod;

Das war ein Werben um klein Stutzis Gunst,
Von Jung und Alt ein Loben, Lieben, Staunen,
Solch' einen Heerbann überzeugter Schmeichler
Besaß nur noch die Königin von Saba.

Wie sie den ihren lenkte, weiß ich nicht,
Doch um so besser denn, wie kurz und stramm
Der Deine ward gehalten. — Keine Faxen!
Die Losung galt, Du gabst sie unbewußt,
Eh' sprechen Du, geschweige denken lerntest.

So trugen wir es heuchlerisch gelassen,
Als Du Dein Herz in feste Hände gabst
Was sag' ich, Hände? Pfoten sind's gewesen,
Die langen gelben der verehrten Lady.

Doch hatt' auch sie Rivalen, vielgehaßte:
Kaninchen, Katzen, allerlei Gethier,
In erster Reih' die Ponies. Weißt Du noch,
Wie denen sie mißgönnte Deine Huld?
Und wie bestürzt, wenn ihnen Du geschmeichelt,
Die Alte floh, sich auf die Rampe setzte,
Den Kopf erhob und laut zum Himmel heulte.

Nur eines war mit ihrem Schmerz vergleichbar,
Und ihrem Grimm — der Deine, Kind, als Du
Zu Jahren schon gekommen (ihrer fünf)
Mémoires d'un âne", von Comtesse Ségur

Zur Kenntniß nahmst. Die Bonne las Dir vor,
Du stricktest stumm, mit ernstem Pflichtgefühl,
An Deinem ersten Strumpfe. Noch erreichten
Den Boden Deine Beinchen nicht, sie wiegten
Sich leise   Wie Du horchtest, athemlos,
Durchglüht von Freude, Mitleid oder Zorn
Vom Wirbel bis zur Sohle — je nachdem
Des braven Esels Schicksal sich gestaltet.
Und wenn es rührend wurde, flossen Thränen
In hellen Strömen auf die Stickerei,
Die soviel Nässe gar nicht schlucken konnte.
Es war ein Anblick — ich vergeß ihn nie!
Und niemals auch, wie Du vor jenem Kitzlein,
Das einst der Jäger aus dem Wald Dir brachte,
Auf Deine beiden Kniee niedersankst,
Es anzufleh'n unendlich liebevoll:
„O fürcht Dich nicht — ich bin ja Deine Mutter!"

Und später dann, als Deine Herren Brüder
Erschienen waren und so redlich halfen
Des Hauses kleinen Abgott anzubeten,
Was für Geschichten gäb's da zu erzählen,
Von einer wilden Hummel stets voran
In jeder Fährlichkeit, und ihren blind
Ergebenen Satelliten. — Doch genug,
Sonst heißt es gleich: das Alter ist geschwätzig.
Nur eins noch höre. Als nach langer Trennung
Du heute kamst mit Deinem schwarzen Jungen

Und seiner blonden Schwester, die kaum zählt
Der Jahre zwei und just so ernsthaft schaut
Wie einstens Du — da fiel mir Alles, Alles
Urplötzlich ein, vom Größten zum Geringsten,
Was wir durchlebt in Treuen .   Ich gedachte,
Wie mit der Zeit sich stets der Kreis erweitert,
In dem ich sucht' und fand mein reinstes Glück:
Wie manches neue, kleine Wesen kam,
Das einen Platz erstrebte zwischen uns
Und ihn erhielt und jedes obendrein
Bei seinem Eintritt auch mein ganzes Herz.
Das ganze Jedes — henkt die Mathematik!
Denn immer noch ein ganzes bleibt mir übrig,
Es zu verschenken, wenn es wieder gilt.
Nicht protzen möcht ich, aber solcher Reichthum
Ist unerhört in meinen hohen Jahren.
Ich dank' ihn Euch, so seid mir denn bedankt,
Ihr Großen und ihr Kleinen, Fernen, Nahen.
Durch meiner Liebe, Eurer Liebe Kraft
Begiebt an mir ein schönes Wunder sich:
„Die Kinderlose hat die meisten Kinder."

So ist es.

Sie sagen mir: „Das Dichten reibt Dich auf.
Wir bitten, laß es! thu' das uns zuliebe."
— „Mir selbst zuliebe thät' ich's, wenn ich könnt'."

— „Du kannst, sobald Du willst. Doch daran fehlt's,
Am kräftigen Entschluß, sie zu besiegen
Die liebe Eitelkeit. Man lobt uns ja,
Und der an Lob gewöhnt, entbehrt es schwer."
„Das weiß ich nicht, doch eines weiß ich gut:
Ob tausendmal auch mehr, als sich gebührte,
Mir Schätzung wurde, dennoch, glaubt mir, dennoch
Mein armes Rühmchen wär mir feil, und mit
Entzücken gäb' ich's für die Freiheit hin.
Ich diene ja, seht Ihr, bin willenlos
In meines Dämons Macht   Wie nenn ich ihn?
Heißt er vielleicht, — daß Gott erbarm'! — Talent?
— Man sagt, die meisten, die von ihm besessen,
Sie wähnten ihn zu lenken, hielten ihn
Für ein Geschenk der gütigen Natur
Und pflegten sein mit stolzer, treuer Liebe.
Doch faß' ich's nicht. Ist's möglich denn, zu lieben
Was Dir das Höchste raubt, die Selbstbestimmung?
Was Dir mißgönnt die unbefang'ne Freude;
Entwerthet Deinen edelsten Genuß
Durch seiner Flüsterstimme rastlos Mahnen:
— Besinne Dich! was machst Du wohl daraus?
Gäb's nicht ein Bild — ein Streiflicht — ein Detail?
Der Dämon nimmt Dein Herz, stiehlt Dir die Seele,
Er füllt allein Dein ganzes Denken aus.
Du hast nur ihn; ja Dein ureignes Leben,
Dein menschlich Irren, jegliches Empfinden,
Dein glühend Mitleid, Haß und Zorn und Schmerz,

Dein stillstes Sehnen, Dein geheimster Traum —
In seinem Dienst wird alles ausgemünzt.
— Und dann? was dann?   Ach Zweifelsqualen, denn,
Ob auf der Münze auch die Prägung echt,
Und angethan, zu dauern wie das Gute,
Wie nur das Gute dauert und besteht; —
Das bleibt Dir unbekannt und bleibt es Jedem,
Der mit Dir wandelt noch im Tagesschein."
Dünkt Euch dies Schicksal so beneidenswerth,
Ertrüg' es Einer, der es wenden könnte?
O Himmel! wenn ich's könnte, ginge mir
Im Alter noch ein neues Leben auf,
Ein Leben voller Ruhe, voller Frieden,
Und abgeschlossen ganz in meiner Liebe
Zu Euch, Ihr Menschenkinder, Brüder, Schwestern.
— So nach wie vor blieb Euer Leid das meine,
Und Euer Glück durchsonnte mir das Herz,
Doch Euch zu schildern hätt' ich aufgehört.

Einschlafen.

Der Tag ist aus, und nun — wie himmlisch wohl
                              wird's thun,
Vergessend seine Müh'n in sanftem Schlaf zu ruh'n.
— Es war ein harter Tag. — Vorüber und vorbei!
Gott gebe, daß, der kommt, ein minder harter sei;

Wenn nicht — nun denn, nun denn! — zu leiden und
zu streben,
Ob mit, ob ohne Lohn, das nennen wir ja leben.
Die oft ersehnte Stund', sie bleibt nicht aus am Ende,
Da man zu .ew'ger Rast darf kreuzen seine Hände.
Erlösungbringer Tod! wer hat nicht dein gedacht,
Als er sich hingestreckt zum Schlaf in stiller Nacht?
Der Schlaf ist kurzer Tod, wir können Probe halten
Vom dunkeln Schicksalsstück, darin als Held zu walten
Jedwedem einst bestimmt. — Wär's Jedem auch be=
schieden,
Mit sich und mit der Welt dahinzugehn in Frieden.
In sel'gem Frieden ... Ach, braucht ich zu wünschen nur,
Die Menschen hätten ihn, ihn hätte die Natur,
Kein Wesen fühlte Qual, selbst nicht der kleinste Wurm,
Ich schafft auch Ruh dem Meer, der Wolke und dem
Sturm
Ein sonderbares Wort hab' ich dereinst vernommen
Und konnt' darüber nie zu voller .Klarheit kommen.
— Nirwana war das Wort. Das heißt   o Müdig=
keit! —
Nicht denken jetzt, nicht mehr — es ist ja Schlafenszeit,
Willkommen, holde Zeit; sei gnädig mir, entrücke
Mich allem Leid.

    Ich wollt', ich fänd' einmal die Brücke,
Die aus dem wachen uns, dem voll bewußten Sein,
Ins halb bewußte Reich des Traumes führt hinein.
Ein zarter Wunderbau, ein räthselhafter Steg,

Nur das geschloff'ne Aug' entdeckt zu ihm den Weg. —
Ei horch, wie's summt und klingt: — die Spieluhr regt
                              sich wieder
Und bringt ihr Liedchen vor vom muntren Seifen=
                              sieder
Der es so gerne hört, mein ferner Liebling, Du,
Wann endlich kehrst Du heim? wann jauchzst Dein Gruß
                              mir zu?
Viel Zeit muß noch vergehn, und Sommer muß es sein,
Und linde Luft muß wehn durch unsern Fichtenhain
Da steht er ja, er selbst — umhaucht von Harzesduft,
Die Wipfel ragen schlank und schimmernd in die Luft —
Ich seh' die Wiesen rings im Frühlingsglanz sich breiten
Und durch das junge Grün ein junges Kindlein schreiten.
So komm! '— wo bist Du nun?   . gar nirgends zu
                              entdecken —
Beim ersten Wiedersehn spielt schon das Kind Ver=
                              stecken — —
Mit ihm entschwand der Tag; schneeweiße Nebel wallen,
Die qualmend sich zerstreu'n, die sich zusammenballen —
Und jetzt — o Seligkeit — o Himmelsblumen: Sterne!
Ich schweb', im Wolkenraum ... aus lichtverklärter Ferne
Erhebt sich's wie Gesang so mild und rein —
Ich schlafe nicht, noch lange nicht — o nein — — —

Spruchverse.

Was Gutes Du gethan und nicht vergessen hast,
Allmälig wandelt sich's in Unrecht fast.
Begang'ne Schuld, denkst ihrer Du mit Schmerzen,
Verklärt zur Tugend sich in Deinem Herzen.

———

Die Großen säen,
Die Kleinen mähen,
Die Kleinsten heimsen ein
So war's — so wird es sein.

———

Ein Mensch — und stolz? O sieh, Dein Thun,
Dein Lassen, Deine Meinung,
Das Alles ist, Du selber bist
Des Scheins Reflexerscheinung.

———

Verständniß für jedwedes Leid,
Erbarmen mild mit jedem Fehle;
Daran in dieser Zeitlichkeit,
Erkennst Du die erwählte Seele.

———

Die Eintagsfliege, wie so manche Leute,
Vergönnt sich keine Freude an dem Heute,
Denn ruh= und rastlos immer muß sie sorgen,
Die arme Eintagsfliege — für das Morgen.

———

Freundeslob und Feindestadel
Sind von zweifelhaftem Adel.

—

Es ist noch Jeder leicht durch diese Welt geschritten,
Der gut zu danken wußt', und wußte gut zu bitten.

———

's ist Alles schon gesagt, man kann nur wiederholen
Der ehrlichste Poet hat unbewußt gestohlen.

———

Zwei Dinge lern' geduldig tragen:
Dein eigen Leid, der Andern Klagen.

———

Unsterblich wandelt durch der Zeiten Frist
Das Werk des Denkers, der ein Künstler ist.

———

Ein Federheld von echtem Muth,
Der greift beherzt nach seinem Gut
Und Alles, was er brauchen kann,
Sieht als sein Eigenthum er an.

———

Wie lang' hat sich geübt im Täuschen und im Lügen,
Der endlich sagen darf: Mich kann man nicht betrügen?

———

Das Selbstvertraun, der feste Wille,
Auf die zuletzt kommt Alles an.
„Mein Freund, ins Schwarze zielt ein Jeder,
Doch trifft es nur der rechte Mann."

———

Magst den Tadel noch so fein,
Noch so zart bereiten,
Weckt er Widerstreiten.

Lob darf ganz geschmacklos sein,
Hocherfreut und munter
Schlucken sie's hinunter.

———

Den alten Aposteln
Fast gleichen die jungen,
Nichts fehlt ihnen mehr
Als feurige Zungen.

———

Sich des Unrechtes wehren
Allezeit bringt Ehren.

———

Den Menschen, den nur Neider hassen,
Den muß der Neid selbst gelten lassen.

———

Was noch so fein Philosophie gesponnen,
Das bringt die Poesie ans Licht der Sonnen.

————

Nur der das Leiden kennt,
Kennt auch ein heiß Erbarmen;
Der selber darbt, der giebt;
Großmüthig sind die Armen.

————

Gänsezug.

Die erste Gans im Gänsezug,
Sie schnattert: „Seht, ich führe!"
Die letzte Gans im Gänsezug,
Sie schnattert: „Seht, ich leite!"
Und jede Gans im Gänsezug,
Sie denkt: — Daß ich mich breite
So selbstbewußt, das kommt daher,
Weil ich, ein unumschränkter Herr,
Den Weg mir wähl' nach eignem Sinn,
All meiner Schritte Schreiter bin
Und meine Freiheit spüre!

————

Die Erdbeerfrau.

„A loadi’s Erdbeer=Jahr, natürli, gel’?
Am Benno=Tag, der Frost, der hat’s dawischt!“ —
Sprach sie mich an und lächelte dazu
Mit welkem Mund und wasserblauen Augen,
So harmlos wie ein Kind, die dürre Alte.

„Recht schlimm für uns, und schlimmer noch für Euch,“
Erwidert’ ich, „Ihr kommt um den Verdienst,
Den besten wohl im Sommer.“

                     „I? No wiss’ns,
Geit’s ihrer weni, wern’s halt besser zahlt
Die Erdbeer, gar die schöni, aus’m G’stoan,
Wie ebba selli da!“

                     Sie rückt hinweg
Den Deckel ihres Korbs, und drinnen lagen
Auf Tannenreislein und auf frischen Blättern
Erdbeeren duftend und so purpurroth,
Daß schon. ihr Anblick eine Labung war.
Der Alten bot er wahren Hochgenuß:
„Die wachs’n auf’n Stauf’n, in die Schlucht’n,“
Sagt sie und hebt voll Finderstolz ihr Körbchen.
Ich hätte seinen Inhalt gern erworben;
Er war verkauft. Vom Berge kam die Frau,
Nach langem Tagewerk, war hungrig jetzt,
Ein wenig müd’ und sehnte sich nach Hause.
„Es warten Eurer“, meint’ ich, „Eure Kinder
Und kleine Enkel dort.“

           „Auf mi' wart' koa's,
I bin alloa," gab sie zerstreut zurück,
Und mit der Rechten ihre Augen deckend,
Blickt' in die Sonne sie, die goldig fluthend
Soeben hinter Bergeshöh'n versank.

    „Da schaug'ns hin, zum Zwisl schaug'ns hin,
Da bin i morg'n um die Zeit scho' g'west.
Gon Ab'nd hoaßt's zur Alm no auffikrabin,
Im Heubüh drob'n schlaft ma woltern guat
Und fruh um zwoa geht's ani scho' in d'Staud'n."
    Und wieder lag auf ihrem greisen Antlitz
Das Kinderlächeln, das mich gleich bezwang,
Als sie nun sprach von ihren Wanderungen
Im Morgendämmer und beim Sonnenaufgang,
Durch Waldesdunkel, durch das Felsgeklüft,
Und drob so Müdigkeit vergaß, wie Hunger.
Ein Jäger nur erzählt mit solcher Freude
Von seinen Abenteuern auf der Pirsch,
Wie von den ihren sie „beim Erber'-Brocken."
    Mit stillem Neide horcht' ich. Aus der Noth
Nicht eine Tugend nur, auch Glück zu machen,
Das ist die allerhöchste Lebenskunst.
Ihr freilich mag sie leicht geworden sein,
Der schlichten, alten Freundin der Natur,
In diesem Dasein, halb im Traum geführt,
Dem Kampf der Welt entrückt, von Leiden frei.
    „G'sund bin i, Gott sei Dank!" schloß sie vergnügt,
Und zwinkert' nach den gluthumsäumten Bergen

Voll Liebe hin, „und hon aa' koani Sorg'n."
„Im Sommer, doch wie sieht's im Winter au s?
„Mit Gottes Gnad', an diem, a bissl wiescht,
Ma hofft halt immer, daß bal' Frühling wird.
An Daschicks bringt ihm scho' so kloanweis furt."
„Das ist der Trost der Einsamen," sagt ich,
„Wie Ihr es seid, und wohl von jeher war't?"
    Gutmüthig, heit'ren Spotts zuckt sie die Achseln,
Ob meines Irrthums.   „Na, von jeher nit,
I hon amal a schön's A'wes'n g'heit,
An braven Mo', fünf Kinder — ja amal!"
„Fünf Kinder? Hab' und Gut? Und steht allein
Und arm jetzt in der Welt?   Wie ging das zu?"
„No, schiefri ebba. 's Unglück hat uns hoamg'sucht,
Verbrunnen san mer aa'", gab sie zur Antwort
Und schien zu denken: Ei, was kümmert's Dich?
Doch mählich eines Bessern sich besinnend,
Hob leise seufzend sie von Neuem an:
„Vor dreizehn Jahren, — warten's — na, vor achtzehn,
Ja wirkli, achtzehn — wie die Zeit vergeht!
Da is bei uns das großi Feuer g'west.
In d' Tenna ei'gschlag'n hat der Blitz von Himmi —
Und voll mit Troad wie's war, so is verbrunnen,
Und aa der Mo', sex Küh', zwoa Kinder, all's
Verbrunna."
        „Wie? Verbrannt?!"

                    „Ja, ja verbrennt.
Mi selba hat der Nachbar no am Zopf

Der damal armsdick war — wer möcht' dees glaub'n? —
Herauszerrt aus die licht'rloh'n Flammen.
Die Gloabiger hon si' den Grund biholten,
Und wiar i gang'n, wiar i g'stand'n bin,
So bin.i von der Brandg'stätt weiterzog'n."
   „Mit Euren Kindern?"

                     „Jo, mit denen drei,
Die übri blieb'n san, zwoa Diendln und
An kloan'n Bueb'n," entgegnet sie gelassen.
   „Und dann? Wie habt Ihr dann Euch fortgeholfen?"
   Sie hob den Kopf empor: „No, ehrli halt.
Viel g'arbeit, viel, und aa' a biß'l bet',
A biß'l nur, denn damaln, wissen's, Frau,
Da war i bös mit unsern lieben Herrgott,
Und bin's aa' blieben no a lange Weil',
Denn oans vo meini Diendln is schlecht g'rath'n
Und leit da drauß'n vor der Kirchhofmauer,
I mach en Umweg, mueß i dort vorbi."
   „Die Zweite aber? — die?"

                   „Die hat an Bauern,
In Hammerau, an reich'n, is versorgt."
   „Und sorgt für ihre Mutter, will ich hoffen."
   „Für mi? Was denken's denn? Sie hat den Mo',
Hat ihm ins Haus koan rothi Heller bracht
Und wird aa' koanen 'naustrag'n — dees hoff' i!"
   „Und Euer Sohn?"

                 „Seidat war'r, Schandarm
I sag, er war, jetzunder is er todt,

Erschoss'n von die Pascher an der Grenz'.
In letzten Hirgscht hon i die Nachricht kriegt."

    Sie sprach es langsam, leise, unbewegt,
Sann nach ein Weilchen; wie ein Lichtstrahl flog's
Erhellend freudig über ihr Gesicht.
„Der is mit mir gar oft in d' Erdber' ganga
Wier er a Bua no war und später aa',
Der hat die Berg so guot gekennt, wiar i."
    Sie blickte in die Weite, ganz verklärt
Vom sanften Glück des lieblichsten Erinnerns,
Und wandt' zum Gehen sich mit kurzem Gruß.
Doch plötzlich hielt sie an. Die lichten Augen
Erglänzten wild und stoben Zornesfunken.
An uns vorbeigeschritten kam ein Knabe,
Der in der Hand ein Schüßlein voll mit Beeren,
Armselgen, halbgereiften, trug. — „Du Lump,"
Rief ihm die Alte zu, „kanst's nit derwart'n
Daß d' Erber' roth wer'n, muaßt di greani rupf'n?"
    Mit hoch erhobner Faust bedroht sie ihn,
Und ein gewaltig Fluchwort flog ihm nach,
Als schleunig er und still die Flucht ergriff.
Dann aber ganz erregt vor Schmerz und Grimm
Sprach sie: „Dees is mei' allerirgster Kumma,
Wenn's d' Erber' brock'n u'reif und kloanleizi,
Ma mirkt's ja deutli, 's thuat der Pflanzen weh.
Sie wehrt sie drum, was sie nur ko', die Armi,
Just wier a Muatta um ihr liebis Kind,
Do' wenn die Frucht recht zeiti wor'n is,

Geits 's geduldi her; no jo, sie hat
Das ihre redli' tho', und denkt ihm halt:
Jetz' werst der endli aa dein Frieden gunna."

Da stockte sie und sah mich fragend an,
Bestürzt beinah ob dieser Worte Sinn,
Der dämmernd nur ihr zum Bewußtsein kam,
  „Wo wohnen's?" sprach sie hastig. „In Sankt Zeno."
  „Da kimm i let' an nächst'n Sunnta hin,
Und Erber' bring' i Ihna, solchi haben's
No niemal koana gsegn. Bsüth' Ihna Gott!"

II. Parabeln und Märchen.

III. Gedichte.

Verlag von Gebrüder Paetel

Berlin W. 35.

Achleitner, Arthur. Der Stier von Salzburg. Kulturbild aus dem Beginn des 16. Jahrhunderts. 1897. 8°.   Eleg. geb. 5.—

Batsch. Deutsch' See-Gras. Ein Stück Reichsgeschichte. 1892. gr. 8°.   Eleg. geb. 12.—

— Nautische Rückblicke. 1892. gr. 8°.   Eleg. geb. 11.—

Berger, Wilhelm. Daheim und Draußen. Novellen. 1894. 8°.   Eleg. geb. 6.50

— Von Glück und Leid. Novellen. 1898. 8°.   Eleg. geb. 4.—

Bettelheim, Anton. Marie von Ebner-Eschenbach. Biographische Blätter. Mit 3 Bildern in Lichtdruck. 1900. 8°.   Eleg. geb. 6.—

Billroth, Theodor. Wer ist musikalisch? Nachgelassene Schrift von Theodor Billroth. Herausgegeben von Eduard Hanslick. Dritte Auflage. 1898. 8°.   Eleg. geb. 6.50

Blennerhassett, Lady, geb. Gräfin Leyden. Frau von Staël, ihre Freunde und ihre Bedeutung in Politik und Literatur. Drei Bände. gr. 8°.   Eleg. geb. 37.—

— Talleyrand. Eine Studie. 1894. gr. 8°.   Eleg. geb. 14.—

Blum, Hans. Auf dunklen Pfaden. Heitere und ernste Erzählungen aus dem Rechtsleben. 1892. 8°.   Eleg. geb. 7.50

— Aus geheimen Akten. Heitere und ernste Erzählungen aus dem Rechtsleben. 1889. 8°.   Eleg. geb 7.50

— Aus Leben und Praxis. Ernste und heitere Erzählungen. 1896. 8°.   Eleg. geb. 6.50

Geheimnisse eines Vertheidigers. Heitere und ernste Erzählungen aus dem Rechtsleben. 1889. 8°.   Eleg. geb. 7.50

— Heitere Erzählungen aus dem Leben. 1900. 8°.   Eleg. geb. 6.—

— Juvalta. Sozialer Roman aus der Gegenwart. Zwei Bände. 1892. 8°.   Eleg. geb. 15.—

— Der Kanzler von Florenz. 1891. 8°.   Eleg. geb. 7.50

Brandt, M. von. Ostasiatische Fragen. China. Japan. Korea. Altes und Neues. 1897. gr. 8°.   Eleg. geb. 9.—

Brandt, M. von. Zeitfragen. Die Krisis in Südafrika. China; Commercielles und Politisches. Kolonial-
fragen. 1901. gr. 8°.   Eleg. geb. 9.—

Briefe. Briefe von und an Gottfried August Bürger. Ein
Beitrag zur Literaturgeschichte seiner Zeit. Aus dem
Nachlasse Bürgers und anderen, meist handschriftlichen
Quellen herausgegeben von Adolf Strodtmann. Vier
Bände. 1874. gr. 8°.   Geheftet 24.—

Bunsen, Marie von. Gegen den Strom. Ein Stimmungs-
bild aus dem neuen Berlin. 1893. 8°.   Eleg. geb. 4.50

Cohn, Gustav. Die deutsche Frauenbewegung. Eine Be-
trachtung über deren Entwickelung und Ziele. 1896. 8°.   Eleg. geb. 5.50

Dambrowski. Herzog Friedrich zu Mecklenburg. Lebensbild
eines deutschen Seeoffiziers von H. von Dambrowski.
Mit 14 Heliogravüren und 37 Textillustrationen nach
Originalzeichnungen von Carl Salzmann, Hans Bohrdt,
L. Arenhold, H. von Stenglin, G. Theuerkauf, Carl
Malchin, J. Kleiner, H. von Dambrowski, einer Origi-
nalaufnahme Ihrer Majestät der Kaiserin und anderen
Photographien. 1898. gr. 8°.   Eleg. geb. 5.50

Deckert, Emil. Die neue Welt. Reiseskizzen aus dem Norden
und Süden der Vereinigten Staaten sowie aus Kanada
und Mexiko. 1892. gr. 8°.   Eleg. geb. 14.—

Dingelstedt, Franz. Blätter aus seinem Nachlaß. Mit Rand-
bemerkungen von Julius Rodenberg. Zwei Bände.
1891. 8°.   In 1 Bd. eleg. geb. 10.—

Ebner-Eschenbach, Marie von. Aphorismen.
Fünfte Auflage. 1901. 8°.   Eleg. geb. 6.50
— Rittmeister Brand. Erzählung. Zweite Auflage. 1901. 8°.   Eleg. geb. 4.—
— Dorf- und Schloßgeschichten. Vierte Auflage. 1898. 8°.   Eleg. geb. 6.50
— Neue Dorf- und Schloßgeschichten. Dritte Aufl. 1901. 8°.   Eleg. geb. 5.—
— Neue Erzählungen. Dritte Auflage. 1894. 8°.   Eleg. geb. 5.50
— Das Gemeindekind. Erzählung. Siebente Auflage. 1901. 8°.   Eleg. geb. 4.—
— Glaubenslos? Erzählung. Zweite Auflage. 1894. 8°.   Eleg. geb. 4.—
— Lotti, die Uhrmacherin. Erzählung. 3. Aufl. 1893. 8°.   Eleg. geb. 5.50
— Miterlebtes. Erzählungen. Zweite Auflage. 1890. 8°.   Eleg. geb. 5.50
— Drei Novellen. Dritte Auflage. 1901. 8°.   Eleg. geb. 4.—
— Ein kleiner Roman. Erzählung. Dritte Auflage. 1896. 8°.   Eleg. geb. 4.50
— Das Schädliche. Die Todtenwacht. 1894. 8°.   Eleg. geb. 4.50
— Gesammelte Schriften. Sechs Bände. 1893. 8°. In 6 Bdn. eleg. geb. 27.—
— Alte Schule. Erzählungen. 1.—3. Tausend. 1897. 8°.   Eleg. geb. 4.—
— Aus Spätherbsttagen. Erzählungen. Zwei Bände.
1901. 8°.   In 2 Bdn. eleg. geb. 10.—

Ebner-Eschenbach, Marie von. Unsühnbar. Erzählung.
5. Auflage. 1900. 8°.   Eleg. geb. 6.50
— Die Unverstandene auf dem Dorfe. Erzählung. Dritte
Auflage. 1897. 8°.   Eleg. geb. 5.—
— Bertram Vogelweid. Erzählung. Zweite Auflage. 1901. 8°. Eleg. geb. 4.—
— Zwei Comtessen. Vierte Auflage. 1894. 8°.   Eleg. geb. 5.50
Edler, Karl Erdm. Duino-Novellen. Zweite Aufl. 1896. 8°. Eleg. geb. 4.50
Federn, Karl. Neun Essays. 1900. 8°.   Eleg. geb. 3.—
— Zwei Novellen. 1899. 8°.   Eleg. geb. 5.—
— Rosa Maria. Roman. 1901. 8°.   Eleg. geb. 4.50
Frapan, Ilse. Die Betrogenen. Roman. 1898. 8°.   Eleg. geb. 6.—
— Bittersüß. Novellen. 1891. 8°.   Eleg. geb. 5.50
— „Flügel auf!" Novellen. 1895. 8°.   Eleg. geb. 6.50
— Bekannte Gesichter. Novellen. 1893. 8°.   Eleg. geb. 5.50
— Querköpfe. Hamburger Novellen. 1894. 8°.   Eleg. geb. 5.50
— In der Stille. Novellen und Skizzen. 1897. 8°.   Eleg. geb. 5.50
— „Vom ewig Neuen". Novellen. 1896. 8°.   Eleg. geb. 6.50
— Was der Alltag dichtet. Novellen. 1899. 8°.   Eleg. geb. 6.—
— Vischer-Erinnerungen. Aeußerungen und Worte. Ein
Beitrag zur Biographie Fr. Th. Vischer's. Zweite
Auflage. 1889. 8°.   Eleg. geb. 4.—
— Enge Welt. Novellen. 1890. 8°.   Eleg. geb. 5.50
— Wehrlose. Novellen. 1900. 8°.   Eleg. geb. 5.—
— Wir Frauen haben kein Vaterland. Monologe einer
Fledermaus. 1899. 8°.   Eleg. geb. 3.—
— Zwischen Elbe und Alster. Hamburger Novellen. Zweite
Auflage. 1894. 8°.   Eleg. geb. 5.50
— Zu Wasser und zu Lande. Novellen. 1894. 8°.   Eleg. geb. 5.50
Frenzel, Karl. Die Geschwister. Roman.
Vier Bände. 1881. 8°.   In 2 Bdn. eleg. geb. 15.—
— Schönheit. Novelle. 1887. 8°.   Eleg. geb. 6.50
— Wahrheit. Novelle. 1889. 8°.   Eleg. geb. 6.50
Garbe, Richard. Indische Reiseskizzen. 1889. gr. 8°.   Eleg. geb. 8.50
Geffken, F. Heinrich. Zur Geschichte des Orientalischen
Krieges 1853—1856. 1881 gr. 8°.   Geheftet 9
Geiger, Ludwig. Aus Alt-Weimar. Mittheilungen von
Zeitgenossen nebst Skizzen und Ausführungen.
1897. gr. 8°.   Eleg. geb. 10.—
— Berlin 1688—1840. Geschichte des geistigen Lebens der
preußischen Hauptstadt. 2 Bände. 1892—1895. gr. 8°. Eleg. geb. 34.—
— Das Junge Deutschland und die Preußische Censur.
1900. gr. 8°.   Eleg. geb. 7.—

Geiger, Ludwig. Dichter und Frauen. Vorträge und
Abhandlungen. 1896. gr. 8°.   Eleg. geb. 9.—
— — — Neue Sammlung. 1899. gr. 8°.   Eleg. geb. 9.—
Genschen, Otto Franz. Das Haideröslein von Sesenheim.
1896. 8°.   Eleg geb. 6.—
— Zu den Sternen! Roman. 1897. 8°.   Eleg. geb. 6.50
Gizycki, Lily von. Deutsche Fürstinnen. 1893. 8°.   Eleg. geb. 5.50
Glaser, Marie von. Vergelt's Gott. Skizzen und Stimmungen.
1896. 8°.   Eleg. geb. 5.50
Gottschall, Rudolf von. Aretin und sein Haus. Roman.
1896. 8°.   Eleg. geb. 6.50
— Aus meiner Jugend. Erinnerungen. 1898. gr. 8°.   Eleg. geb. 9.50
Gregorovius. Briefe von Ferdinand Gregorovius an den
Staatssekretär Hermann von Thile. Herausgegeben
von Hermann von Petersdorff. 1894. gr. 8".   Eleg. geb. 8.—
Güßfeldt, Paul. Der Montblanc. Studien im Hochgebirge,
vornehmlich in der Montblanc-Gruppe. 1894. gr. 8°.   Eleg. geb. 14.—
— Kaiser Wilhelms II. Reisen nach Norwegen in den
Jahren 1889—1892. Zweite Auflage. 1892. gr. 8°.   Eleg. geb. 28.—
— Reise in den Andes von Chile u. Argentinien. 1888. gr. 8".   Eleg. geb. 14.—
Haeckel, Ernst. Indische Reisebriefe. Dritte, vermehrte
Auflage. 1893. gr. 8°.   Eleg. geb. 18.—
Heine, Anselm. Auf der Schwelle.
Studien und Erzählungen. 1900. 8°.   Eleg. geb. 4.—
— Drei Novellen. 1896. 8°.   Eleg. geb. 6.50
— Unterwegs. Novellen. 1897. 8°.   Eleg. geb. 6.50
Herzl, Theodor. Philosophische Erzählungen. 1900. 8°.   Eleg. geb. 5.—
Hillern, Wilhelmine von, geb. Birch. Die Geier Wally.
Eine Geschichte aus den Tyroler Alpen. Siebente
Auflage. 1901. 8°.   Eleg. geb. 4.—
— Und sie kommt doch! Erzählung aus einem Alpenkloster
des dreizehnten Jahrhunderts. Vierte Auflage. 1895. 8°.   Eleg. geb. 7.50
Hoffmann, Hans. Allerlei Gelehrte. Humoresken. Zweite
Auflage. 1898. 8°.   Eleg. geb. 6.50
— Aus der Sommerfrische. Kleine Geschichten. 1898. 8".   Eleg. geb. 4.—
— Geschichten aus Hinterpommern. Vier Novellen. Zweite
Auflage. 1894. 8°.   Eleg. geb. 5.50
— Das Gymnasium zu Stolpenburg. Novellen. Dritte
Auflage. 1899. 8°.   Eleg. geb. 5.—
— Der Hexenprediger und andere Novellen. 1883. 8°.   Eleg. geb. 6.50
— Neue Korfugeschichten. 1887. 8°.   Eleg. geb. 6.50
— Im Lande der Phäaken. Novellen. 1884. 8°.   Eleg. geb. 6.50

Hoffmann, Hans. Landsturm. Erzählung. Zweite Auf-
  lage. 1893. 8⁰.   Eleg. geb. 6.50
— Irrende Mutterliebe. Zwei Novellen. 1900. 8⁰.   Eleg. geb. 3.—
— Der eiserne Rittmeister. Roman. 2. Auflage. 2 Bände.
  1900. 8⁰.   In 2 Bdn. eleg. geb. 12.—
— Ruhm. Novelle. 1891. 8⁰.   Eleg. geb. 5.50
— Tante Fritzchen. Skizzen. 1899. 8⁰.   Eleg. geb. 3.—
— Unter blauem Himmel. Novellen. Zweite Auflage. 1900. 8⁰. Eleg. geb. 4.—
— Von Frühling zu Frühling. Bilder und Skizzen. Dritte
  Auflage. 1898. 8⁰.   Eleg. geb. 6.50
— Wider den Kurfürsten. Roman. Drei Bände. 1894. 8⁰.
                                        In 3 Bdn. eleg. geb. 18.—
Hopfen, Hans. Glänzendes Elend. Roman. Drei Bände.
  1893. 8⁰.   In 3 Bdn. eleg. geb. 17.—
— Neue Geschichten des Majors. 1890. 8⁰.   Eleg. geb. 7.50
— Der alte Praktikant. Eine bayrische Dorfgeschichte.
  Dritte Auflage. 1891. 8⁰.   Eleg. geb. 6.50
— Der Stellvertreter. Eine Erzählung. 1891. 8⁰.   Eleg. geb. 6.50
— Verdorben zu Paris. Roman. Zweite Auflage.
  Zwei Bände. 1892. 8⁰.   In 2 Bdn. eleg. geb. 12.—
Hülsen. Unter Friedrich dem Großen. Aus den Memoiren
  des Aeltervaters 1752—1773. Herausgegeben von
  Helene v. Hülsen. 1890. 8⁰.   Eleg. geb. 5.50
Jähns, Max. Der Vaterlandsgedanke und die deutsche
  Dichtung. Ein Rückblick bei der Feier des viertel-
  jahrhundertjährigen Bestehens des neuen deutschen
  Reiches. 1896. 8⁰.   Eleg. geb. 4.—
Jensen, Wilhelm. Eddystone. Novelle. Zweite Auflage.
  1894. 8⁰.   Eleg. geb. 5.50
— Karin von Schweden. Elfte Auflage. 1901. 8⁰.   Eleg. geb. 5.50
Joseph, Eugen. Das Heidenröslein. 1897. 8⁰.   Geh.   2.—
Juncker, E. Schleier der Maja. Roman. Zweite, neu durch-
  gesehene Auflage. Vier Teile. 1888. 8⁰. In 2 Bdn. eleg. geb. 15.—
— Der Verlobungstag und andere Novellen. 1888. 8⁰.   Eleg. geb. 5.50
Kraus, Franz Xaver. Essays. Erste Sammlung. 1896. gr. 8⁰. Eleg. geb. 12.—
— Essays. Zweite Sammlung. 1901. gr. 8⁰.   Eleg. geb. 12.—
Krebs, Karl. Dittersdorfiana. 1900. 8⁰.   Eleg. geb. 6.—
Kriegserinnerungen eines Sanitäts-Offiziers der Landwehr
  1870—71. Von W. v. St. 1893. 8⁰.   Eleg. geb. 5.50
Kurz, Isolde. Von dazumal. Novellen. 1900. 8⁰.   Eleg. geb. 5.—
Lenburg, Wolfgang. Oberlehrer Müller. Mit Zeichnungen
  von Joseph Sattler. 1899. 8⁰.   Eleg. geb. 3.—

Lenz, Max. Zur Kritik der „Gedanken und Erinnerungen"
    des Fürsten Bismarck. 1899. 8º. Eleg. geb. 3.—

Marcks, Erich. Fürst Bismarck's Gedanken und Erinne-
    rungen. Versuch einer kritischen Würdigung. 1899. 8º. Eleg. geb. 3.—

Meinhardt, Adalbert. Allerleirauh. 1900. 8º. Eleg. geb. 4.—

— Heinz Kirchner. Aus den Briefen einer Mutter an ihre
    Mutter. Zweite Auflage. 1897. 8º. Eleg. geb. 3.—

— Das Leben ist golden. Drei Novellen. 1897. 8º. Eleg. geb. 5.50

— Mimen. Moderne Zwiegespräche. 1895. 8º. Eleg. geb. 5.50

— Reisenovellen. 1885. 8º. Eleg. geb. 6.50

— Reise= und Heimatsnovellen. 1891. 8º. Eleg. geb. 5.50

— Stillleben. 1898. 8º. Eleg. geb. 3.—

Moltke. Feldmarschall Graf Moltkes Briefe aus Rußland.
    Vierte Auflage. 1893. 8º. Eleg. geb. 4.50

— Wanderbuch. Handschriftliche Aufzeichnungen aus dem
    Reisetagebuch von H. Graf Moltke, General=Feld=
    marschall. Sechste Auflage. 1892. 8º. Eleg. geb. 4.50

Müller, Friedrich Max. Das Pferdebürla. Tagesfragen.
    1899. 8º. Eleg. geb. 6.50

Münz, Siegmund. Ferdinand Gregorovius und seine Briefe
    an Gräfin Ersilia Caetani Lovatelli. 1896. 8º. Eleg. geb. 5.50

Nöldeke, Theodor. Orientalische Skizzen. 1892. gr. 8º. Eleg. geb. 9.

Petri, Julius. Rothe Erde. Aus seinem Nachlaß heraus=
    gegeben von Erich Schmidt. 1895. 8º. Eleg. geb. 5.50

Pierson, William. Preußische Geschichte. Siebente, ver=
    mehrte Auflage. Zwei Bände. 1898. gr. 8º. In 2 Bdn. eleg. geb. 13.—

Reinke, J. Die Welt als That. Umrisse einer Weltansicht
    auf naturwissenschaftlicher Grundlage. Zweite Auflage.
    1901. gr. 8º. Eleg. geb. 12.—

Rodenberg, Julius. Bilder aus dem Berliner Leben.
    3. wohlfeile Ausgabe. Drei Bde. 1891. 8º. In 2 Bde. eleg. geb. 6.—

— Erinnerungen aus der Jugendzeit. Zwei Bände. 1899. 8º. Eleg. geb. 10.—

— Eine Frühlingsfahrt nach Malta. Mit Ausflügen nach
    Sicilien. 1893. 8º. Eleg. geb. 6.50

— Heimatherinnerungen an Franz Dingelstedt und Friedrich
    Oetker. 1882. 8º. Eleg. geb. 5.50

— Herrn Schellbogen's Abenteuer. Ein Stücklein aus dem
    alten Berlin. 1890. 8º. Eleg. geb. 5.50

— Klostermanns Grundstück. Nebst einigen anderen Begeben=
    heiten, die sich in dessen Nachbarschaft zugetragen haben.
    1891. 8º. Eleg. geb. 4.—

Rundschau. Deutsche Rundschau. Herausgegeben von Julius
  Rodenberg. I.—XXVII. Jahrg. = 108 Bände. gr. 8°.
                                      à Band eleg. geb. 8.—
— Generalregister zur deutschen Rundschau Band 1—40
  (I.—X. Jahrgang). 1885. gr. 8°.   Eleg. geb. 7.—
— Generalregister zur Deutschen Rundschau. Band 41—80.
  (XI.—XX. Jahrgang.) 1896. gr. 8°.   Eleg. geb. 9.—
Schoepp, Meta. Novellen und Skizzen. 1899. 8°. Eleg. geb. 5.—
Schubin, Ossip. Boris Lensky. Roman. Dritte Auflage.
  Drei Bände. 1896. 8°.   In 3 Bdn. eleg. geb. 17.—
— Es fiel ein Reif in der Frühlingsnacht. Novellen.
  Vierte Auflage. 1901. 8°.   Eleg. geb. 5.—
— Die Geschichte eines Genies. Novelle. Zweite Auflage.
  1890. 8°.   Eleg. geb. 4.50
— „Gloria victis!“ Roman. Dritte Auflage. 1892. 8°. Eleg. geb. 9.50
— Peterl. Eine Hundegeschichte. 1900. 8°.   Eleg. geb. 3.—
— „Unter uns.“ Roman. Fünfte Auflage. 1893. 8°. Eleg. geb. 7.50
Schütze, Paul. Theodor Storm. Sein Leben und seine
  Dichtung. 1887. 8°.   Eleg. geb. 6.50
Spitta, Philipp. Musikgeschichtliche Aufsätze. 1894. gr. 8°. Eleg. geb. 11.—
— Zur Musik. Sechzehn Aufsätze. 1892. gr. 8°. Eleg geb. 11.—
Storm, Theodor. Aquis submersus. Novelle. Vierte Auf=
  lage. 1896. 8°.   Eleg. geb. 5.50
— Bei kleinen Leuten. Zwei Novellen. 1887. 8°. Eleg. geb. 5.50
— Zur Chronik von Grieshuus. 1888. 8°.   Eleg. geb. 6.50
— Geschichten aus der Tonne. Vierte Auflage. 1900. 8°. Eleg. geb. 5.50
— Der Herr Etatsrat. Die Söhne des Senators. Novellen.
  1881. 8°.   Eleg. geb. 5.50
— John Riew'. Ein Fest auf Haderslevhuus. Zwei Novellen.
  1885. 8°.   Eleg. geb. 6.50
— Zerstreute Kapitel. Dritte Auflage. 1890. 8°. Eleg. geb. 5.50
— Zwei Novellen. 1883. 8°.   Eleg. geb. 5.50
— Der Schimmelreiter. Novelle. Fünfte Auflage. 1900. 8°. Eleg. geb. 5.50
— Vor Zeiten. Novellen. Zweite Auflage. 1892. 8. Eleg. geb. 7.50
Strasburger, Eduard. Streifzüge a. d. Riviera. 1895. gr. 8. Eleg. geb. 6.50
Walter, Gotthold Ephraim. Kandidat Müller. 1886. 8°. Eleg. geb. 6.50
Weise, Lisa. Moderne Menschen. Skizzen aus und nach
  dem Leben. 1893. 8°.   Eleg. geb. 5.50
— Saloumüde. Zwei Novellen. 1899. 8°.   Eleg. geb 5.—
— Standesgemäß. Roman aus der Gegenwart. 1894. 8°. Eleg. geb. 6.50
Wernicke, E. Die Geschichte der Welt. Siebente, ver=
  mehrte und verbesserte Auflage. Sechs Bände. 1882
  bis 1891. gr. 8°.   In 6 Bdn. eleg. geb. 48.—

Widmann, J. V. Gemüthliche Geschichten. Zwei Er-
zählungen aus einer schweizerischen Kleinstadt. 1890. 8°. Eleg. geb. 7.50
— Johannes Brahms in Erinnerungen. Zweite Auflage.
1898. 8°. Eleg. geb 4.—
Zintgraff, Eugen. Nord-Kamerun. Schilderung der im
Auftrage des Auswärtigen Amtes zur Erschließung des
nördlichen Hinterlandes von Kamerun während der
Jahre 1886—1892 unternommenen Reisen. 1895. gr 8°. Eleg. geb. 14.—

Deutsche Rundschau.

✿ ✿ ✿ XXVII. Jahrgang. ✿ ✿ ✿

Herausgeber: Verleger:

Julius Rodenberg.  **Gebrüder Paetel**
in Berlin.

Die „Deutsche Rundschau" steht jetzt in ihrem siebenund-
zwanzigsten Jahrgange, und es ist wohl überflüssig, nochmals
das Programm dieser angesehensten und verbreitetsten Revue darzu-
legen. In gleichmäßiger Berücksichtigung der schönen Literatur und
der Wissenschaft ist die „Deutsche Rundschau" bestrebt, das Organ
zu sein, welches dem hohen Bildungsstande der Gegenwart nach
beiden Seiten hin entspricht. Sie will eine Partei nicht führen, aber
auch keiner folgen; sie will den Fragen der Gegenwart gerecht
werden und ihrerseits an diesen sich betheiligen, nicht in unfrucht-
baren Debatten, sondern durch positive Leistungen. Sie sucht zu
fördern, was immer unserm nationalen und Geistesleben neue Kräfte
zuführt, und keinem Fortschritt in den Fragen der humanitären und
sozialpolitischen Bewegung, der Erziehung, der Wissenschaft, der Kunst,
der Literatur verschließt sie sich.

Die „Deutsche Rundschau" erscheint in zwei Ausgaben:
a) Monats-Ausgabe in Heften von mindestens 10 Bogen.
Preis pro Quartal (3 Hefte) 6 Mark.
b) Halbmonatshefte von mindestens 5 Bogen Umfang.
Preis pro Heft 1 Mark.

Abonnements nehmen alle Buchhandlungen und Postanstalten entgegen

Probehefte sendet auf Verlangen zur Ansicht jede Buchhandlung,
sowie gegen Einsendung von 20 Pf. die Verlagsbuchhandlung

Gebrüder Paetel in Berlin W., Lützowstr. 7.

Druck von G. Bernstein in Berlin.